日本銀行 虚像と実像

検証25年緩和

日本経済新聞社金融部長
河浪武史
KAWANAMI TAKESHI

日本経済新聞出版

日本銀行　虚像と実像　目次

序章　日銀と通念の破壊者　11

学士会館にて／真因はバブル期の対処にあり／アベノミクスの生みの親／宇沢門下生の雨宮氏／金融政策取材での違和感／新日銀法が苦難の原点／日本経済の長期停滞とデフレの原因

第1章　初の経済学者総裁の誕生（2023年〜）　31

1　Ueda−Who?　のサプライズ人事　32

ダークホースの登場／雨宮氏が推した植田氏／初日は安全運転／市場や政界に残るマグマ

2 去りゆく歴代最長の総裁 48
黒田氏の自画自賛／ルーズベルト的覚悟／英留学時代に経済学に傾倒／山口氏も候補として名前があがった

3 18年ぶりの円卓 61
いきなりのワシントン出張／植田総裁の前に広がる3つの金融緩和策

第2章 アベノミクス、世紀の実験（2013〜18年） 71

1 戦力の逐次投入はしない 72
安倍氏復権と日銀総裁／異端児が支えた金融緩和論／4人に絞られた総裁候補／積もり積もった日銀批判／舞い戻った雨宮氏

2 バズーカ発動 92
「110点の金融緩和策」／本当はみな懐疑的だった2年2％

3 届きかけた2%インフレ 101
2年目にはすでに苦境に／サプライズの第2弾緩和／黒田氏が消費増税を支援？

4 浮かんだマイナス金利 110
買えるモノがなくなった／異次元から3次元へ／マイナス金利政策はなぜ機能しなかったのか

5 ヘリコプター・ベン 124

第3章 最長総裁、黒田氏の無念（2018〜23年）

129

1 キャピタルフライトの恐怖 130
32年ぶりの円安水準／これが最後のチャンス？／金融緩和の修正を検討／YCC解除にはだまし討ちが一番か／黒田氏失言の実態

2 だまし討ちは突然訪れた 149
円安はもはやメリットではない／突然の緩和修正

3 カール・ポパーの思想 156

第4章 「アクシデントの総裁」白川氏（2008～13年） 161

1 リーマン・ショック 162
白川方明氏の2つの信念／「ドルの流動性が枯渇した」

2 ハチの一刺しではなかった 170

3 政争の具となった日銀人事 175

4 バーナンキFRBとの競争 179
最後の最後で利下げへ／凍り付いた企業金融

5 想定外のデフレ宣言 185

6 リフレ派を生んだ緩和競争 191
ジャクソンホールの変／包括金融緩和

7 東日本大震災 198
円高による苦境／世間の感覚はマヒしていた
8 永田町からの逆風 205
ポピュリズムの高まり／自民党が大勝／日銀のささやかなる抵抗

第5章 デフレの始まり、速水氏・福井氏（1998〜2008年） 217

1 新日銀法下の独立記念日 218
祝福ムードなき初会合／90年代前半が大きな転換点／深刻な金融危機が表面化
2 長銀ショック 228
3 デフレがやってきた 230
4 主要国初のゼロ金利政策 236
ゼロ金利の葛藤／禍根残したゼロ金利解除

5 量的緩和政策の始まり 246

6 円キャリー取引の出現 251
プリンス福井氏の登板／円キャリートレードの幻想

7 安倍晋三氏、反日銀の原点 260

第6章 苦悶のパウエルFRB（2020年〜） 265

1 トランプ大統領とコロナ危機 266
「ミスター普通」の活躍／YCCへの抵抗感

2 まさかの大インフレ 273
インフレ圧力を過小評価していた／インフレを招いた構造変化

3 金融不安がやってきた 284
シリコンバレー・バンクの破綻／インフレと金融不安の両方への対処

4 マエストロとの対話 288
「金融政策のインパクトは徐々に薄れている」／時代は「大いなる不安定」へ

第7章 魔法の杖はない 295

1 日本経済はなぜ停滞しているのか 296
2 日本だけなぜデフレに陥ったのか 300
3 長期の金融緩和は効いたのか 306
4 日本経済は成長軌道を取り戻せるか 311

おわりに 317
参考文献 320
日本銀行 関連年表 322

序章

日銀と通念の破壊者

日本銀行 虚像と実像 検証25年緩和

学士会館にて

２０２３年３月14日、澄み渡る青空となった東京では、平年より10日も早い桜の開花宣言がなされた。

その日、東京・神田錦町の「学士会館」に、４月に日銀総裁に就任する植田和男氏の姿があった。植田氏は東大教授から日銀審議委員に転じ、その後は再び東大に戻って、退官後は共立女子大の教授を務めていた。

学士会館は竣工から１００年近い歴史を持つ名建築だ。同会館の一室はＴＢＳ系ドラマ「半沢直樹」で使用され、香川照之扮する大和田常務が土下座する名シーンが撮影されたことでも知られる。学士会館の2階にあるホールでは同日、日本を代表する経済学者である小宮隆太郎氏（東大名誉教授）の「お別れの会」が開かれていた。植田氏は厳かな黒スーツに白のマスク姿で現れ、ゆっくりした足取りで2階の大ホールに向かった。会場には、08～13年に日銀総裁を務めた白川方明氏も参列していた。「ミスター円」と呼ばれた榊原英資元財務官や、日本製鉄名誉会長の三村明夫・日本商工会議所元会頭らも姿をみせた。その多くが小宮氏の直接の教え子であった。

「通念の破壊者」。22年10月31日に93歳で亡くなった小宮氏は、そんな異名を取った。１９６０年代には資本自由化を支持する立場から、大企業の市場独占に待ったをかけて八幡製鉄と富士製鉄の合併（現日本製鉄）に反対する論陣を張った。金融政策に対しても常に本質論を投げかけ、70年代の猛烈なインフレを許した日銀を徹底批判したことがあった。一方で、緩和不足が経済低迷の原因だという90年代以降の日銀バッシングには強く反論した。小宮氏は標準的な経済理論を使って日本経済の問題点を鋭く解析する一方で、現実経済から遊離した既存の経済理論に疑問を投げかける「通説批判」でも知られていた。

植田氏は学士会館大ホールの祭壇に飾られた小宮氏の遺影に花を手向け、しばらく手を合わせてじっと何かを祈った。

もともと数学者を目指していた植田氏は、途中で転向して東大大学院で経済学を学んだ。その指導教官の1人が小宮氏だった。経済学者が日銀トップに就くのは、140年を超える同行の歴史の中で初めてのことだ。小宮氏が存命であれば、植田氏にどう声をかけたのだろうか。

植田氏を日銀総裁に指名した岸田文雄首相も「経済学の発展に多大な貢献をされ、貴重な提言をされた先生の逝去を悼み、お悔やみ申し上げる」と弔電を寄せた。

真因はバブル期の対処にあり

「バブル期の経済政策運営の誤りを、真正面からリアルタイムで指摘した真の経済学者でした。私が日本銀行で金融政策の運営の責任を担うようになった際、難しい判断のたびに、先生の姿勢を思い起こすことで先生に背中を押されているように感じ、仕事に必要な勇気をいただきました」

同日、小宮氏の弔辞を読んだのは、2008年から13年まで日銀総裁を務めた白川方明氏だった。同氏は東大在籍時（1968~72年）の最終年に「小宮ゼミ」に所属しており、そこでの経

東大教授だった小宮隆太郎氏には日銀に白川方明氏ら多くの教え子がいる

験が日銀入行を目指す大きなきっかけとなっていた。もともと経済学を志すことになったのも『経済政策の理論』とする小宮氏と館龍一郎東大教授（当時、のちに名誉教授）との共著に啓発されたからだった。

白川氏は２００８年のリーマン・ショック後、激しい円高に見舞われて政界や学界から痛烈な批判を浴びた。それだけでなく、デフレに陥った１９９８年以降、日銀は常に政界や学界から戦犯扱いされていた。小宮氏は２０００年前後に世論の日銀バッシングが激しくなった際、白川氏に連絡をとって「あまりにひどすぎる。自分が反論の論文を書きたい」と日銀を擁護する側に回ったことがある。

小宮ゼミの門下生は議論好きでやや理屈っぽいとされるが、白川氏もその特徴を大いに受け継いでいた。理詰めで政策を突き詰めていくスタイルは、学究肌と常に評されることになった。その一方で理論面での効果が立証できないゼロ金利下での量的金融緩和については常に慎重姿勢を崩さなかった。それが政界などから「政策発動が小出しだ」と批判される一因になった。

白川氏は「危機においては、中央銀行総裁が政府に対しても毅然とした発言をすることが求められる局面がくる」との考えを常に持っていた。私は21年12月、同氏が籍を置く青山学院大学(東京・渋谷)に赴いて、こんなやりとりをしたことがある。

——自身の総裁任期中の政策をどう評価しますか? 日銀の行動が遅い、あるいは金融緩和の規模が小さいという指摘がありました。

「金融システムの安定を守るために積極的に行動した。日銀批判をかわすことが目的であれば、大胆と映る金融緩和をやればいい。ただ、そうした政策の効果は限定的だと思っていた。予想されるリスクや副作用を考えると、マネージできると考える域を超えて大規模に行うことは職業人として取りえない選択だった。今では誰もデフレが『貨幣的現象』とは言わないし、物価が上がれば日本経済の難題が解決するとは思っていない。残念だが、現実に中央銀行がバランスシートを拡大してみなければ、社会がそれを学ぶのは難しかったということかもしれない」

白川氏はさらにこう付け加えた。「問題が大きく複雑になると社会はある種の思考停止状態に陥り、単純な答えに飛びついてしまう。2000年代以降のマクロ経済政策を巡るデフレ論議がその典型だった」。政治や市場は、中央銀行にどうしても近視眼的な成果を求めがちだ。一方で中央銀行は、長いスパンでの結果責任が問われる。白川氏が5年の任期で苦悩したのは、中銀トップに求められる民主主義との適切な距離感だった。

学士会館の「お別れの会」では、白川氏の斜め後ろに、中曽宏元副総裁も座っていた。同氏も「小宮ゼミ」の卒業生だった。中曽氏は豊富な国際人脈で知られ、１９９０年代後半の日本の金融危機や、２００８年のリーマン・ショックに対処した、銀行システムのリスク管理の第一人者だった。

日銀審議委員を現在務めている高田創氏も参列した。同氏も同じく小宮ゼミを出て日本興業銀行（現みずほフィナンシャルグループ）に入った門下生の1人だ。小宮氏は金融政策の通説を徹底検証して名をはせただけに、「お別れの会」には多くの金融関係の教え子が訪れていた。

白川氏が小宮氏の弔辞で読んだ「バブル期の経済政策運営の誤り」とは、１９８５年のプラザ合意後の一連の財政・金融政策を指している。対外輸出で高度成長を成し遂げた日本は、85年を起点に財政出動と金融緩和で積極的な内需喚起策をとっていく。これが結果的にバブル経済を助長し、その崩壊が日本経済の致命傷となった。現在の長期停滞につながる経済失政の原点は、ここにあると言っていい。

プラザ合意があった80年代半ば、米国は大幅な貿易赤字に苦しんでいた。米国経済を救うため、日米欧5カ国（G5）によるドル安誘導策を決めたのが「プラザ合意」だ。各国は外国為替市場で協調介入に踏み切り、世界市場は一気にドル安となった。逆に円相場は大幅に上昇し、1年弱で1ドル＝240円から同150円へと急騰した。

困った日本はG5による「ルーブル合意」で急激な円高阻止を今度は打ち出す。G5での協議の中で日本は「内需の拡大を助け、対外黒字を縮小する財政金融政策をとる」と約束することにした。日銀は政策金利（当時は公定歩合）を大きく下げて内需喚起に転じ、それがバブル経済の土壌となったのだ。

小宮氏は自著でこう指摘する。「米国の経常収支の基本的な原因は米国経済そのものの中にあり、その改善は米国自身のマクロ経済政策の改善によらなければならないことは、多少とも経済学を理解する人にとっては明白なことである」。どういうことか。

米国の貿易赤字は、日本の輸出攻勢だけが理由ではない。むしろ米国の過剰消費や過剰投資が最大の原因であり、貿易赤字を解消するには、米国側でも内需の過熱を抑える金融面と財政面での引き締めが必要になる。小宮氏は「もっぱら日本側のみが行動計画を定めたり経済構造の調整を約束したりして、米国側は何ら積極的改善策にもコミットしていない。それこそ甚だしい『不均衡』といわねばならない」と手厳しく批判している。

実際、米国の貿易赤字は、プラザ合意前の1091億ドル（1984年）から85年には1219億ドルに増え、86年は1385億ドル、87年も1517億ドルと全く解消しなかった。

人為的にドル安相場をつくっても、米国内の過剰投資・過剰消費を是正しなければ、対外不均衡は改善しない。いらだつ米国は日本にもう一段の内需喚起策を求めるようになり、それがバブルを生んでいく。日本経済の大きな躓きは、基本的なマクロ経済理論を軽視したところから発生した。

アベノミクスの生みの親

学士会館を訪れて小宮氏に献花したもう1人は、山本幸三元衆院議員だった。同氏は大胆な金融緩和で走り出した「アベノミクス」の生みの親の1人といっていい。もともと自民党内では異色の立ち位置だったが、長く白川氏ら日銀主流派を徹底批判する緩和積極論者として知られていた。

山本氏も東大を71年に卒業した小宮ゼミの門下生だった。デフレ脱却のために大規模な金融緩和を求め、長く「日銀叩き」の先頭に立っていた。同氏は『日銀につぶされた日本経済』という著書まで持つ。安倍氏に「リフレ派」と呼ばれる緩和論者の経済学者を多数引き合わせたのも山本氏だ。

私は2022年秋に、山本氏に時間をもらって「アベノミクス」誕生のいきさつを問うた。
「ずっと前から日銀の批判をしていたのですが、最大の危機感を持ったのは東日本大震災の3月11日だ。そのとき、日本はもう終わりだなと感じた。アジアにえらい張り切っていた国があったけど、いつのまにか没落して中進国とか後進国になったと言われるのではないかと。もう後がない、という気持ちで、20兆円規模の国債を発行して、それを日銀に全額引き受けてもらって、復興財源にしようと動き出したんだ」

山本氏は「増税によらない復興財源を求める会」という議員連盟を立ち上げて、安倍氏を会長に担ぎ出す。そのとき、山本氏は安倍氏に「復活するには『経済の安倍』だ。経済が良ければ選挙にも勝てる」と説いたという。その山本氏も、10年間の黒田緩和が終わった今は「（金融政策は）それ以上やれって言っても、やれることないんだから無理じゃないか」と淡々と話す。

小宮門下生にはもう1人、日本の金融政策に影響を及ぼした人物がいる。黒田体制で13年から18年まで副総裁を務めた岩田規久男氏だ。学習院大教授から日銀副総裁に転じた岩田氏も、もともとは徹底した日銀批判で知られる「リフレ派」の代表格だった。同氏は資金供給量を増やせばインフレ率も上向くという極めてシンプルな主張で知られていた。安倍晋三氏は岩田氏の主張に心酔し「もともとは黒田氏ではなく岩田氏を日銀総裁にしようとしていた」（当時の安倍官邸ブレーン）というほどだ。

山本氏も岩田氏も、実は小宮氏の理論をある種の下敷きにしている。小宮氏は「1970年代の日本の大インフレは、73年の石油危機が原因ではなく、71年以降のマネタリーベースの増大に理由がある」と指摘した。日銀は当時、景気刺激を求める政府への配慮から、資金供給量を適正に抑えることができなかった。小宮氏はそれを鋭く批判していた。

山本氏と岩田氏は、この理論をデフレに当てはめて主張を展開する。日銀が資金供給を絞りすぎているから、物価が上がってこないという理論だ。

ところが、小宮氏は２０００年以降の量的緩和議論では「極端な金融政策で流動性は潤沢に供給されているにもかかわらず、資金需要が出てこない状態なのだ。問題は資金の供給側ではなく需要側にある」とリフレ派を批判する。小宮氏が「通念の破壊者」と言われるゆえんだ。

小宮門下生には、白川氏ら日銀執行部の主流派と、岩田氏ら反日銀のリフレ派と、その双方がいる。金融政策を巡る議論はそれだけ複雑で、今なお絶対的な正解がみえているわけではない。

宇沢門下生の雨宮氏

３月14日の学士会館には、もう１人、日銀の歴史を語る上で欠かせない人物が訪れていた。その５日後に副総裁を退く雨宮正佳氏だった。速水優体制（１９９８〜２００３年）の量的緩和や黒田東彦体制（13〜23年）での異次元緩和など、あらゆる実験的な政策を立案してきたのが雨宮氏だった。雨宮氏は学士会館で居並ぶ経済人と軽くあいさつを交わし、短時間で日銀に戻っていった。

雨宮氏も東大経済学部卒だが、指導教官は宇沢弘文教授（当時、14年没）だった。宇沢氏と小宮氏は同じ１９２８年生まれで、ともに日本の近代経済学をリードした。ただ、経済社会に対するアプローチは大きく異なる。小宮氏が経済理論の実証を重んじたのに対し、宇沢氏は経済学そのものの限界を問うスタイルだった。

雨宮氏が東大に入学した75年は、ブレトンウッズ体制が崩壊して戦後の経済秩序が揺らいでいたタイミングだった。公害問題など資本主義そのものに疑問が投げかけられた時期でもあり、同氏は経済学の再検討に挑んでいた宇沢ゼミを選ぶことになる。

だからというわけではないだろうが、雨宮氏の政策運営のスタイルは、白川氏らとは決定的に異なっていた。白川氏がゼロ金利政策や量的緩和政策を進めながら、経済理論からも実証面からも効果が乏しいと判断するのに対し、雨宮氏は経済理論を乗り越えて実験的な政策に打って出ようという思いがあった。黒田東彦前総裁が重んじたのは「期待に働きかける金融政策」だ。雨宮氏の先鋭的な政策姿勢がそこに合致した。

雨宮氏はその経歴から長く「日銀のプリンス」と称されてきたが、その立ち居振る舞いは歴代の日銀の本流とは少し異なっていた。

日銀は本店所在地の日本橋本石町が霞が関からも永田町からも距離的に離れていることもあり、日銀幹部はいい言い方をすれば孤高であった。しかし、雨宮氏はアルコールを嗜まないにもかかわらず、夜の宴席を欠かさない。日銀マンには堅いイメージがあるが、雨宮氏は高校時代に落語研究会に所属していたこともあり、話術も巧みで笑顔を欠かさない柔らかさがあった。同氏はいまでも「爛漫亭菊正宗」という名で高座に上がる。

雨宮氏はポスト黒田の本命とみなされながら、最後まで総裁就任を固辞し続けた。ポストへのこだわりのなさから「見事な身の引き方」（官邸ブレーン）という評価がある一方、長期緩和の修正という難題から逃げたという冷たい見方もある。ただ、金融政策と心中しかねないほど日銀の組織と理論を重んじた歴代トップと比べ、雨宮氏の人生観はそれこそ異次元だった。

雨宮氏はもともと音楽家を志していた。都立青山高校時代には指揮者を目指し、カラヤンの写真を部屋中に貼っていたという。同氏は実際に音大の願書まで取り寄せたが、それを知らない間に両親に捨てられてしまい、やむなく東大を受験することになった。「黒田氏も白川氏も、方向性は全く異なるものの理論家であり原理主義者にみえる。それに対して、雨宮氏は理論を超えたアーティスト」と評する日銀幹部もいる。

しかし、私からみると雨宮氏も精緻な理論家であった。同氏はピアノの演奏を好むが、音大で突き詰めたかったのは音楽理論だったという。人間はなぜ一定の旋律に美を感じ、ある和音に対しては不快感を持つのか。音を理論で探求していきたいという雨宮氏の思いは、常に人間の本質を問うていく宇沢弘文氏の学究心と似ていなくもない。

雨宮氏はなぜ岸田官邸から打診された日銀総裁ポストを最後まで固辞したのか。「一度は諦めた音楽の道に戻るため」という解説がなされたことすらある。退任後に最初に受けたメディアのインタビューは、落語情報誌の「東京かわら版」だったという。雨宮氏はセントラルバンカーという枠に収まりきらない人物だった。

23年3月17日、雨宮氏は多くの職員に見送られて日銀を去った。退任日は19日だったが、同日が日曜日だったため、17日が日銀マンとしての最後の出勤日となった。

同氏は職員から大きな花束を受け取ってクルマに乗り込んだ。日銀がもっともスポットライトを浴びる金融政策決定会合に何回出席しただろうかと思い返していた。

雨宮氏は、政策委員9人によるこの会議を「金融政策決定会合」と名付けた人物である。30年近く前の1995年、今の日銀の金融政策運営の原案を書いたのが雨宮氏だった。定期的に開く金融政策決定会合で金融政策の調節方針を決め、一定の期間を置いて議事要旨を公表する。その原案は、日銀に独立性を与える新日銀法（98年施行）で現実のものとなる。雨宮氏は日銀を去った今も、その原案ペーパーを大事に持っている。

金融政策取材での違和感

私は日本経済新聞の記者として2000年代半ばから、日銀の取材に深く携わるようになった。08年には福井俊彦総裁の退任が予定されており、その前年から後任人事が世の中をにぎわせていた。当時は衆院の多数派が自民党、参院は民主党という「ねじれ国会」で、日銀総裁人事は大きな政争の具となった。自民党の福田康夫政権は、元財務次官で当時の日銀副総裁だった武藤敏郎氏を、福井氏の後任に充てようと考えていた。だが、それは、民主党の反対にあって頓挫する。

08年9月に起きたリーマン・ショックも目の当たりにすることになった。世界の中央銀行はトップダウンで先進的な政策を次々と繰り出した。一方で急激な円高に見舞われて、日本経済が追い込まれていく様子もつぶさにみた。

白川時代、黒田時代の日銀取材に携わった後、15年からはワシントンに赴任して米連邦準備理事会（ＦＲＢ）の金融政策取材に関わるようになった。米国でもいくたびもの政策変更があり、その舞台裏を取材し続けてきた。私の経済記者としての後半は、金融政策とともにあったと言ってもいい。

経済記者にとって金融政策は重要な取材テーマである。日銀やＦＲＢの政策変更は株式市場や外国為替市場に多大なインパクトをもたらし、報道に対する注目も常に大きい。

しかし、私は長く金融政策取材にどことなく違和感をもっていた。中央銀行の金利変更は、0・25％が基本線である。この程度の金利変更で世界経済がどれほど変化するのだろうか。まして日銀のように政策金利をゼロにしてしまうと、金利政策は手段を失う。長期国債のような資産を買い入れて資金供給量を増やしていくことになるが、その効果はどこまでも未知数だった。日銀が民間銀行から国債を買い入れて資金を供給しても、その資金は日銀に当座預金としてそのまま戻ってくる。このようなマネーフローが日本経済を立て直すとはとても思えなかった。私はこうした疑問を率直に日銀高官にぶつけ、自らの金融政策観を少しずつ築き上げていった。私の金融政策取材は、より経済の本質論に迫る動機づけとなった。それは、中央銀行の虚像と実像に迫る試みだった。

新日銀法が苦難の原点

ある日銀首脳OBに、日本の金融政策の大きな転換点はいつか、と問うと「一つあげれば1995年だろう」と答えた。バブル崩壊から4年がたったこの年、当時の政策金利である公定歩合はついに0・5%まで下がってしまった。バブルピークの90年、公定歩合は6・0%もあった。金融緩和という余力を95年についに失い、事実上のゼロ金利政策はここから始まった。この年、雨宮正佳氏は企画局の若手幹部として、ゼロ金利時代の先の緩和策として、2001年に発動する量的金融緩和の原案を既に作成していたという。まさに金融政策の転換点となる年だった。

しかし、日銀の本当の苦悩の始まりは、新日銀法の施行で金融政策の独立性を勝ち取った1998年にあるのではないか。日銀は自らの独立性と引き換えに「物価の番人」としての役割を全面的に引き受けてしまった。新日銀法は日銀に「通貨及び金融の調節における自主性」を与える一方で「物価の安定を図ることを通じて国民経済の健全な発展に資すること」を政策理念と明記している。

中央銀行に独立性が必要なのは、インフレと闘うためだ。政治の圧力で金融緩和が長引くと、物価上昇は収まらなくなる。中銀の独立の模範は米国とドイツだった。米国は1980年代にポール・ボルカー氏がFRB議長となり、10%台に達した高インフレを苛烈な金融引き締めで鎮圧していく。この間、ボルカー氏は、カーター政権やレーガン政権の金融緩和圧力を跳ね返し続けた。ドイツは第1次世界大戦後のハイパーインフレで経済が崩壊。それがナチスの台頭を生んだ。その痛切な反省から金融政策を政治から切り離し、今でもドイツ連銀は世界的にも「タカ派」の中銀として知られる。

ところが、日銀が独立性を得た98年に闘わなければならなかったのは、インフレではなくデフレだった。

新日銀法が施行された98年、消費者物価指数（生鮮食品除く総合）の上昇率は0・3%まで下がり、99年にはついにマイナス0・1%に転落してしまう。2000年も物価はマイナス0・3%、01年はマイナス0・9%と下がり続け、日本経済は物価が持続的に下落する長期デフレに突入していく。

日本のデフレ退治に必要だったのは、政府や企業と中央銀行の徹底した連携だった。日銀は1998年時点で既に金融緩和の余地を失っており、政府の財政政策や企業の成長戦略など、あらゆる施策の総動員が求められた。日銀が得た金融政策運営の独立性は、政府や企業との微妙な距離を生んだ。日銀は中央銀行の独立性に気負うあまり、四半世紀の間にすっかり孤立してしまった。

日銀は速水優総裁（98～2003年）、福井俊彦総裁（03～08年）、白川方明総裁（08～13年）と、3代続けてプロパーが総裁ポストに就いた。その後はデフレ脱却の遅れで批判を招き、13年には財務省出身の黒田東彦氏に代わった。そこには、日銀を戦犯に仕立て上げることで溜飲を下げる経済ポピュリズムの動きもあった。23年に総裁となった植田和男氏は、日銀の孤立を是正できるだろうか。

日本経済の長期停滞とデフレの原因

日本経済はその間、停滞を深めた。日本は1970年代に年平均5・2％の経済成長を実現していた。80年代も同4・3％成長だったが、90年代は1・5％、2000年代は0・5％まで減速してしまう。10年代は0・7％成長と少し持ち直したが、足元の潜在成長率は0％台前半まで低下した。日本は「成長しない経済」となって久しい。

経済の体温が高まらないから、物価も上がらない。インフレとデフレのどちらが善でどちらが悪か。

世界の主要中央銀行は2％程度の緩やかなインフレを目標としている。マネーを借り入れて投資をし、それで得た利益で借金を返して残った資金をさらなる投資に回す。マネーの好循環を単純化すればこういうことだが、緩やかなインフレであれば投資して得る名目上の利益が大きくなる。デフレはその好循環が逆回転してしまう。物価の下落で投資後の名目利益が減ってしまうと、名目の金額が変わらない借金の返済は苦しくなる。デフレが悪とされるのは、このためだ。戦後の先進国経済で、これだけ長いデフレに陥った国は日本しかない。長期デフレの要因は何か。一つは賃金が下がってしまったことだろう。1998年、日本経済は雇用の急激な悪化を避けるために、賃下げを受け入れた。これが米欧と異なるデフレ的な経済構造となった大きな要因だ。

企業部門は98年度から貯蓄が投資を上回る「貯蓄超過」に転じており、守りの経営が続くようになる。日銀はその後にゼロ金利、量的緩和、包括緩和、量的・質的金融緩和と、あらゆる先進的な策を繰り出したが、企業の資金需要がなければ緩和マネーは空回りする。設備増強や人材投資の減退で、日本は成長力そのものを落としていくことになる。長期低迷の原因は複合的で、その解決に魔法の杖があるわけではない。

本書は日銀を巡る人模様を丁寧に描きながら、金融面から日本経済の長期停滞とデフレの原因を探る狙いがある。「何があったのか」という歴史的な記録とともに「どうしてこうなったのか」という経済分析も微力ながら併せて提供したいと思っている。処方箋を描くには、まずは全体像をきちんと把握することから始めなければならない。

本書は直近の植田体制発足のストーリーから書き出していきたい。その上で、一つ一つの原因と結果を解きほぐすため、丁寧に時間を遡っていきたい。第2章、第3章ではアベノミクスと黒田緩和を点検する。第4章では政治と市場との闘いに明け暮れた白川体制を取り上げる。そして第5章では長期デフレのスタートである速水体制、福井体制を掘り下げていこう。第6章では、最強の中央銀行であるFRBの実像も取り上げてみたい。見えてくるのは虚勢が通用しなくなった中央銀行の姿だ。虚像と実像の間で苦悩しているのは日銀だけではない。

第1章

日本銀行 虚像と実像 検証25年緩和

初の経済学者総裁の誕生

2023年〜

1 Ueda-Who? のサプライズ人事

ダークホースの登場

「現時点では何も申し上げられません。来週以降、話す機会があればそこでと思います」。2023年2月10日夜、タクシーで帰宅した植田和男氏は、取り囲むメディア関係者に言葉を選びながらゆっくり回答した。

東京には少し早めの春が近づいていたが、その夜はあいにく冷たい雨が降っていた。同日夕、岸田文雄政権が日銀次期総裁に経済学者の植田和男氏を充てる人事が報じられた。創設以来140年超の歴史がある日銀にとって、経済学者出身の総裁が就くのは初めてだ。与党幹部にも官邸から植田氏の日銀総裁起用案が伝達された。

植田氏は1998年から2005年まで日銀審議委員を務めていた。その後は学界に戻って長く政策決定の場から離れており、同氏の総裁起用はサプライズ人事となった。

「ダークホースの植田和男氏、次期日銀総裁の予想を覆す」。英紙フィナンシャル・タイムズはそう見出しをつけた。米ブルームバーグ通信は「サプライズ人事によって、世界中の投資家がいっせいにグーグルで『Ｕｅｄａ』を検索した」と伝えた。

植田氏はいったん自宅に入ったものの、傘で雨を避けながら改めてメディアの短い取材に応じた。

日銀総裁ポストを打診されたかどうか直接言及はしなかったが、金融政策については「景気と物価の現状と見通し、先行き、これに基づいて運営しないといけない。そういう観点からしますと、現在の日本銀行の政策は適切であると考えています。いずれにせよ、現状では金融緩和の継続が必要であると考えています」とはっきり答えた。

日銀総裁の候補者が、国会への人事案提示前にコメントを出すのは極めて異例だ。マスコミ対応に不慣れな経済学者が、勇み足で思わず喋ってしまったということではなかった。日銀関係者によると、官邸や日銀が事前に植田氏と擦り合わせて、報道陣に「金融緩和を当面続ける」とメッセージを出すよう決めてあったという。

植田氏の前任は、大規模な金融緩和で市場に人気のあった黒田東彦総裁（当時）だった。植田氏の知名度は黒田氏に比べて高いとはいえない。10年ぶりのトップ交代は、投資家に無用な不安感を広げる懸念があった。植田氏は金融緩和の継続を明言することで、市場にノイズが広がることを避けたのだ。

植田氏は後に「日銀総裁への就任の打診は、政府の発表があった14日の前日の13日」と国会で答えたが、これは建前だ。日銀関係者は「報道が出る直前に、植田氏ら正副総裁候補3人に、きちんとした打診がもたらされた」と明らかにする。

当時、市場だけでなく、政治的にも日銀人事は微妙な局面にあった。黒田体制を後押しした安倍晋三元首相は、22年7月に凶弾に倒れていた。自民党最大派閥の安倍派はその反動もあって「アベノミクス」の継続を強く求めており、黒田緩和の抜本転換につながる日銀人事は与党の分断を招きかねなかった。

もっとも、黒田体制の10年間で異次元緩和は制度疲労が目立ち、新総裁にはその修正が求められていた。世界の金融市場が注目する節目の人事だけに、とりわけ海外投資家からは「Kazuo Ueda-Who?」という驚きが広がった。国内の市場関係者も「植田さんってどんな考えの持ち主だっけ」と過去の発言記録を慌てて取り寄せ始めた。

市場へのサプライズとなったのは、植田氏が日銀総裁人事の下馬評にあまり上がっていなかったことだけが理由ではない。本命とされてきた有力者が、最後の最後まで日銀総裁ポストを固辞したからだ。「日銀のプリンス」と称された雨宮正佳副総裁（当時）がその人だった。

「どうだい、次期体制は理想的な布陣になっただろう」

植田氏がメディア関係者に取り囲まれていた2月10日夜、ある関係者が雨宮氏に連絡をとると、そんな朗らかな声が返ってきたという。総裁ポストに未練はないか、と関係者が問うと「あるわけないだろう。植田さんを次の総裁に推薦して動いてたの、俺だぜ。日銀に入って今回がもっともいい仕事をしたと思っているよ」と笑って返した。

1979年に日銀に入行した雨宮氏は、98年から2005年まで日銀審議委員を務めた植田氏の政策判断をよくみていた。日銀審議委員とは、金融政策の決定に投票権を持つ常勤の幹部で、企業でいえば取締役にあたる。

植田氏はアイデアマンだった。

「時間軸政策」と呼ばれる金融政策の手法がある。政策金利がゼロになれば、これ以上の金融緩和は難しくなる。ところが、中央銀行がゼロ金利を長く続けると宣言すれば、政策金利（無担保コール翌日物金利）は下げられなくても2年債、5年債、10年債と長期の金利を押し下げることが可能になる。この手法を発案したのが植田氏だった。

今では米欧などの主要中銀も、政策金利のパスを数字や言葉であらかじめ示す「フォワード・ガイダンス」を採用している。その原案は植田氏発案の「時間軸政策」にある。日銀関係者は「植田氏が時間軸政策を英語の論文で書いて発表していれば、ノーベル賞ものの評価になっていたはずだ」と指摘する。雨宮氏は「学者で日銀総裁になれるとすれば、植田氏をおいてほかにいない」と長く思っていた。植田氏は経済学者であるが、現実的な政策を立案できる実務家でもあった。

ちなみに、植田氏のアイデアを聞いて「時間軸政策」と名付けてみせたのが雨宮氏である。植田審議委員のアイデアは、必ずしも当初、体系的に理解されたわけではなかった。それを「時間軸」という言葉で明示して、政策面で具現化したのが雨宮氏だった。

雨宮氏が鮮明に覚えているもう1つの植田氏の姿がある。01年3月に、日銀が主要中銀で初めて量的緩和政策を発動したときのことだ。

植田氏は理論面で効果がみえにくい量的緩和を当初は疑問視していた。会合でも反対票を投じかねない雰囲気だったが、最後の最後でぎりぎり賛成に転じる。そのときに会合で参加者につぶやいた言葉は「マーケットなどに量そのものが何か影響するのではないか、ひょっとしたらイリュージョン的なものがある、あるかもしれないこともまた無視できないとも思う」だった。05年に植田氏が退任する際、福井俊彦総裁（当時）は「私に言わせれば『理論倒れにならない理論的支柱』と、こういうことであったのかなというふうに思っている」と独特の言い回しで賛辞を送っている。

雨宮氏が推した植田氏

もともと、岸田官邸の日銀総裁人事の本命候補は雨宮氏だった。首相は「これから金融政策の選択肢がない経済政策は難しい。しかし下手に修正するとどんな影響が出るか分からない」と周囲に話していた。異次元緩和は修正するが、急激な政策変更は避ける――。そんな岸田官邸の大方針が固まったのは22年秋だったという。必要なのは、市場や政府と密に意思疎通をして異次元緩和を軟着陸できる人材。その条件に合致したのが雨宮氏だった。

日銀総裁は第31代の黒田東彦氏まで、日銀プロパーと財務省（大蔵省）ＯＢが大半を占めていた。第30代総裁の白川方明氏、29代の福井俊彦氏、28代の速水優氏は、そろって日銀プロパーだ。新日銀法施行前だった27代の松下康雄氏は大蔵省ＯＢ。戦後の総裁14人のうち、日銀出身でも財務省出身でもない人物は第21代総裁の宇佐美洵氏（三菱銀行元頭取）だけである。日銀も財務省も、黒田氏の後継総裁は日銀あるいは財務省の出身者と自然に考えていた。なかでも雨宮氏の経歴は、総裁候補として右に出るものがないほど充実していた。

雨宮氏は１９７９年に東大経済学部を卒業後、日銀に入行した。98年には企画室（現在の企画局）の企画第二課長となり、２０００年には金融政策を立案する企画第一課長となる。日銀の行員としてのキャリアはほぼ一貫して企画畑で、１９９９年のゼロ金利政策、２００１年の量的緩和政策、10年の包括緩和政策、13年の量的・質的金融緩和政策と、多くの実験的な政策措置に携わってきた。

日銀には４６００人の職員がいるが、金融政策を立案する企画局には50人程度の人員しかいない。その中でも雨宮氏ほど企画局に在籍し続けた人物はいない。

雨宮氏がポスト黒田として本命視されたのは、現職の副総裁として黒田体制の異次元緩和を立案・運営してきたからだ。量的緩和とマイナス金利政策、さらにはイールドカーブ・コントロール（長短金利操作）を組み合わせた現在の金融政策は複雑で、丁寧な説明がなければ政界も財界も仕組みを理解できなくなっていた。

雨宮氏は黒田体制だけでなく、白川体制、福井体制でも対外的な折衝役を担っていた。都立青山高校時代には落語研究会に所属しており、巧みな話術で政界・官界・財界に「雨宮ファン」がいた。

日銀総裁は5年の任期があり、その人選も5年ごとに行われる。岸田官邸には自薦と他薦が多く寄せられた。岸田文雄首相がその調整役に充てたのは、首席政務秘書官の嶋田隆氏だった。嶋田氏は17年から19年まで経産次官を務めた経済産業省OBで、政策通とされた与謝野馨氏（財務相など歴任）の大臣秘書官を6回も務めたことで知られる。

霞が関の次官OBが首相最側近の政務秘書官となるのは極めて異例だった。嶋田氏は岸田首相と同じ開成高校出身で、同校OBが両氏を引き合わせたとされる。

自民党の麻生太郎副総裁は官邸に「雨宮氏は国際性ではどうか」と疑問符をつけている。それでも岸田首相は1月中旬、雨宮氏の「国際性」を問われて「総裁がそうじゃなくても、副総裁とのチームで考えればいい。雨宮さんは国内の調整能力や企画力が高い」と周囲に話した。岸田官邸は雨宮氏がポスト黒田に最適とみて、同氏に実際に総裁就任を打診した。

ところが、雨宮氏は総裁就任を固辞し続けた。

雨宮氏は日銀の白川方明元総裁ら有力OBにも会って「私は総裁にはなりません」と伝えている。その理由として挙げたのは「日銀の次期体制は長い金融緩和の点検と修正が求められる。私は緩和政策を実行してきた当事者中の当事者であり、客観的に公正な見直し作業ができるとは思えない」というものだった。

確かに雨宮氏は先述した通り、01年の量的緩和から10年の包括緩和、さらには13年の異次元緩和、16年のマイナス金利政策まで、あらゆる実験的な政策設計を主導してきた。

今では金融政策は出し尽くしたところがあり、むしろ市場のゆがみなど副作用が目立っている。ポスト黒田体制に求められる大規模緩和の点検・修正作業は、雨宮氏からすれば自己批判となりかねない。

関係者によると、岸田首相は雨宮氏と直接話をしている。雨宮氏はそこで「世界の中央銀行界とは、今やトップ同士で英語をつかって直接やりとりして、物事を即断で決めていく世界です。もはや、日銀プロパーや財務次官OBが、たすき掛けでトップを務める時代ではありません」と伝えたという。

雨宮氏は08年のリーマン・ショック時、米欧日の中銀がトップダウンで政策協調策を決める様子を間近に見ていた。世界同時利下げ、日米欧市場でのドル供給――。金融システムの決壊を防ぐには、首脳レベルで即断するしかない。決断の遅れは国益を損ねかねず、高度な国際交渉能力がなければ中銀トップは務まらない。雨宮氏は企画局のエースとして20年以上、日銀の金融政策を担ってきたが、麻生氏が指摘する通り、数少ない弱点が国際経験とされていた。

雨宮氏には「中央銀行のトップ人事の世界標準は、経済学者の起用にある」という信念もあった。米連邦準備理事会（ＦＲＢ）議長には、のちにノーベル経済学賞を受賞するバーナンキ氏や労働経済学者であるイエレン氏が起用され、欧州中央銀行（ＥＣＢ）もドラギ前総裁は米マサチューセッツ工科大（ＭＩＴ）出身のエコノミスト。中央銀行の首脳会議は単なる金融政策を語る場ではなく、複雑なマクロ経済分析を披露する場だった。

アジアをみても、中国人民銀行の易綱総裁は米イリノイ大で博士号を取得した経済学者である。李昌鏞《イ・チャンヨン》韓国銀行総裁も米ハーバード大で経済学を学び、アジア開発銀行（ＡＤＢ）チーフエコノミストなどを歴任している。ＩＭＦ首席エコノミストを務めるなど世界的な経済学者であるラグラム・ラジャン米シカゴ大教授も、13～16年に母国インドの中銀総裁を務めていた。

雨宮氏は岸田官邸に、植田氏を次期総裁候補として推した。官邸は植田氏と雨宮氏を並行して検討し、岸田首相は1月上旬に植田氏と会っている。ほかに黒田氏に近い伊藤隆敏・米コロンビア大教授も総裁候補として挙がっていた。

岸田首相は2月上旬、周囲に「雨宮氏は本命にして『保険』だ」と言及していた。官邸の要請に雨宮氏が固辞の姿勢を崩さず、最終的に植田氏に白羽の矢が立ったのは与党幹部に人事案を伝達する直前だった。

植田氏のＭＩＴ留学時代の指導教官は、世界の中銀の理論的支柱であるスタンレー・フィッシャー氏（ＦＲＢ元副議長）だ。バーナンキ氏もドラギ氏も、フィッシャー氏の教え子である。中央銀行はスイスで開かれる「バーゼル会議」など、首脳だけで通訳も入れずに議論する会議がいくつもある。植田氏はそうした世界の中央銀行界で、臆せず経済理論をたたかわせることができる数少ない人物でもあった。植田氏の起用案は3月1日に国会で承認され、同氏は正式に4月9日に日銀総裁に就任することになった。

初日は安全運転

23年4月10日の東京は気温が21度まで上がり、少し歩けば汗ばむほどだった。植田氏はその日、午前11時前に総裁として日銀本店に初出勤した。濃紺のスーツに青の無地のネクタイをつけていた。

日銀本店がある東京・日本橋本石町は、もともと江戸時代に金座が置かれていた場所だ。金座とは、金貨の鋳造を独占的に請け負った通貨発行機関だ。日銀も通貨と物価のコントロールに苦しんでいるが、江戸幕府も幕末に金貨が海外に大量流出して通貨と物価の制御に大失敗したことがある。

幕末、日本では金と銀の交換比率が1対5だったが、米欧は1対15だった。つまり、海外投資家が銀を日本に持ち込めば、3倍も安く金を得られることになる。世界的な裁定取引の発生で、日本から流出した金貨は10万両とも50万両ともいわれた。江戸幕府は最終的に金銀交換比率を海外並みに変更して解決を目指したが、今度はこれが大インフレを招くことになる。米欧との通貨交渉の失敗が大元にあり、日本の通貨と物価を巡る混乱の歴史は実に深く長い。

植田和男総裁は4月10日、日銀プロパーの内田真一副総裁、金融庁前長官の氷見野良三副総裁とともに国会に挨拶回りに出向き、夕方6時に首相官邸に入った。岸田文雄首相の正式任命を受け、15分ほど会談した。岸田氏と植田氏は「不確実性が高い現在の情勢の中で、意思疎通を密にして機動的な政策運営を行っていきましょう」と意見交換したという。

植田氏が初めて日銀内で記者会見したのは同日19時15分だった。

「この度、日本銀行総裁を拝命しました植田でございます」。植田氏はゆっくりと話し始めた。

「国会での所信でも申し上げましたが、日本銀行にとって、また私自身にとっても、1998年の新日本銀行法の施行以来25年間、物価の安定の達成は積年の課題です。これまで日本銀行は、私が過去に審議委員として在籍した時期を含めて、ゼロ金利政策、時間軸政策、量的緩和政策、そして、現在の量的・質的金融緩和政策に至るまで、世界に先駆けて様々な非伝統的金融政策を実施してきました。物価の安定の達成というミッションの総仕上げに向けて、理論・実務の両面で、尽力してまいりたいと思っております」

この日の記者会見の想定問答は「企画ラインが事前に相当に根詰めて用意した」(日銀関係者)という。前任の黒田東彦氏は1999年から2003年まで財務官、05年から13年まではアジア開発銀行総裁を務めている。日銀総裁就任前から記者対応に慣れており、失言のリスクもほとんどなかった。植田氏は日銀審議委員を務めたとはいえ、多くのメディア関係者が集まる記者会見の経験はほとんどなく、その対応は未知数だった。

植田氏は企画ラインの周到な助言が効いたのか、同日は安全運転に徹した。メディアの関心は、金融緩和をどう修正するのかに集中した。修正とは、もちろん金融緩和の縮小を意味する。もともと植田氏は16年から続くイールドカーブ・コントロール（ＹＣＣ、長短金利操作）の修正に前向きだとみられていた。ＹＣＣとは長期金利の上限を０・５％に抑え込む世界的にも異例な金融緩和策だ。

「長短金利操作についていうことだと思いますが、海外金利が低下したという中で、イールドカーブの形状は総じて前よりもスムーズになってきているという認識でおります。現状の経済・物価・金融情勢にかんがみると、現行のＹＣＣを継続するということが適当であるというふうに考えております」

植田氏からＹＣＣの解除に前向きな発言が出れば、日本の長期金利は大きく上がってしまうリスクがあった。投機筋はそうした発言を待ち構えていたが、植田氏はあっさりと早期修正観測を否定してみせた。

植田氏はマイナス金利政策についても問われた。これも16年から続く異例の金融緩和策で、日銀に準備預金を預ける民間銀行に対して、その一部分に０・１％のマイナス金利を課す仕組みだ。日銀に資金を預けすぎている民間銀行に、ペナルティーを科す制度と言っていい。単に日銀に余剰資金を置くのではなく、企業や家計への貸し出しに回してほしいという狙いがそこにはある。

「マイナス金利政策ですけれども、一つには現在の強力な金融緩和のベースになっている政策であるかと思います。一方で副作用もあるわけですが、金融機関収益への影響というところが大きいと思います。ただ、金融機関が総体としては充実した資本基盤を備えているということで、金融仲介機能は十分に発揮されているかなと思いますし、収益のマイナスの影響も小さくするような工夫が、この政策の中ではなされているというふうに思います。従いまして、現在の基調的なインフレ率がまだ2％に達していないという判断のもとでは継続するのが適当であるというふうに考えてございます」

植田氏はこう答えて、マイナス金利政策の早期撤廃も否定してみせた。要は黒田東彦前総裁がつくった現在の緩和政策を、早期に修正することはないという意思表示だった。

「記者会見、満点だよ。とにかくよかった」。植田氏が退出すると、ある日銀関係者はそう言って胸をなで下ろした。同日の相場は株価も金利も円も大きな変動がなく終わった。

もともとある別の関係者は、植田氏のやや脇の甘い言動を気にしていた。植田氏が日銀審議委員だった2000年、週刊誌で六本木のクラブ通いを報じられたことがある。それ自体はまったく問題ではないが、関係者が気にしたのは、植田氏の警戒心のなさを突いて足を引っ張ろうとする動きがあることだった。同時期に審議委員となった中原伸之・東燃元社長は「運転手も秘書も自ら手配すると申し出た」（日銀関係者）という。中原氏は日銀に外部から入ることに対して、自身の身の回りをそれだけ警戒した。学界出身の植田氏にそこまでの敏感さはなく、それが良くも悪くも言動の表裏のなさにつながっていた。本音はときに「失言」となる。日銀は植田氏のスタートダッシュの躓きを必死で防ぐ必要があった。

市場や政界に残るマグマ

実際、金融資本市場は植田氏の失言一つで大きく混乱しかねないほどマグマがたまっていた。一つは債券市場で繰り返される国債の空売りだ。

海外投資家は22年4月〜23年3月に、国債など国内の中長期債を9兆9671億円も売り越している。年度の売越額としては、過去に遡ることができる05年度以降で最大だった。海外勢は日銀の緩和策がもはや維持できないと考えていた。投機筋にとっては商機であり、国債の空売りを大規模に仕掛けて儲けようとしていた。

空売りとは、国債を借りてそれを売却し、値段が下がってから買い戻して所有者に返す取引だ。借りた国債を1億円で売って、8000万円で買い戻せば2000万円の利益が出る。金利が上がるということは債券そのものの値段は下がることを意味する。投資家にとって、日銀が確実に金融緩和を縮小するとわかっていれば、国債の空売りはこれ以上なく確実に利益が出る取引となるはずだった。

例えば、ロンドンを拠点とする投資会社「ブルーベイ・アセット・マネジメント」は22年6月から一貫して国債の売り持ちを続けている。日銀が金融緩和を縮小して、日本国債の価格は確実に下がるとにらんでいるからだ。

同社は運用資産1200億ドル（約17兆円）と規模が大きいわけではないが、日本国債の空売りで有名になった。その賭けの通り、日銀が22年12月に金融緩和の縮小に踏み切ったからだ。日銀は長期金利の上限目標をそれまで0・25％としていたが、同月に0・5％に引き上げた。多額の利益を上げたブルーベイ社は「私たちの予想通りだった」（マーク・ダウディング最高投資責任者）と勝利宣言した。黒田体制から植田体制になれば、日銀はさらなる緩和縮小に踏み切ると判断して、国債空売りの継続を決めていた。

海外勢は23年1月にも国債（短期国債を除く）を4兆1190億円売り越した。単月で最も多かった22年9月を2200億円ほど上回って過去最大を更新した。

植田氏の就任記者会見はそんな微妙なタイミングで行われていた。植田氏が不用意に金融緩和の縮小案を口走ってしまえば、国債売りがさらに殺到して長期金利は急上昇しかねなかった。

もう一つ、政界にもマグマがたまっていた。

2月27日、植田氏は参院の議院運営委員会に呼ばれた。日銀人事を承認するかどうか、議会で審議するためだ。質問者として待ち構えていたのは、自民党で参院安倍派を率いる世耕弘成参院幹事長だった。

世耕氏は「官房副長官、経済産業相としてアベノミクスの一端に関わってきた者として確認しておきたいことがあった」と切り出した。「アベノミクスをどう評価しているか。継承するのか。(日銀として)その一端を引き続き担う決意があるのか」と、植田氏に対して矢継ぎ早に質問を浴びせかけた。

答弁に立った植田氏はアベノミクスについて「(政府と日銀が)必要な施策を実行し、デフレでない状況を作り出しました。企業収益の拡大、人口が減少する中でも女性、高齢者を中心に雇用の拡大がみられました。着実な成果が上がっていると考えています」と最大限評価してみせた。

岸田官邸は、日銀人事の実現にあたって、自民党最大派閥の安倍派の動向を警戒していた。確固たるリーダーを失った安倍派にとって「アベノミクス」はグループの最大の求心力だ。安倍派議員の中には「アベノミクスを修正するなら日銀人事案は認められない」と政府をけん制する人物もいた。世耕氏はそうした安倍派の思いを一身に背負って質問に立っていた。政治的にも市場的にも、植田日銀はスタート早々から緩和修正には踏み出しにくい環境にあった。

2 去りゆく歴代最長の総裁

黒田氏の自画自賛

23年4月7日、黒田東彦日銀総裁は多くの職員に見送られて東京・日本橋本石町の同行本店を後にした。任期は翌8日までだったが、同日が土曜日だったため一日早い退任式となった。職員から花束を手渡された黒田氏は、深くお辞儀して笑顔で大きく手を振って車に乗り込んだ。拍手が鳴り響く中、黒田氏は車の中からもにこやかに手を振り続けていた。

13年3月20日に就任した黒田氏は、10年を超えて激務の日銀総裁を務めた。そんな人物は過去に誰もいなかった。

黒田氏が打ち出した10年間の金融政策は、量的緩和という点でみれば明らかに過去最大だった。資金供給量を示すマネタリーベースは、10年間で134兆円から646兆円と5倍近くに膨らんだ。累積の国債購入額は963兆円に達し、日銀が保有する長期国債は3月20日時点で575兆円と約6倍に増加した。

一方で伝統的な金利政策という面でみれば、もともとゼロ%だった政策金利をマイナス0・

黒田東彦氏は歴代最長の10年間の任期を終えて退任した

1％に下げたにすぎない。実体経済に影響する長期金利でみても、スタート時点で既に0・8％しかなく、最大でもゼロ％をやや下回る水準に下がっただけだ。金利政策は黒田氏の就任時から緩和余地がなく、異次元の手段はそもそも不可能だった。長期国債を大量に買い入れて資金供給する量的緩和は、インフレ心理を引き起こすための「見せ金」のようなものだった。それ自体で企業や家計の成長期待を高めることはできなかった。

4月7日、黒田氏は濃紺のスーツに淡いブルーのネクタイを締め、午後3時30分から日銀本店で退任記者会見に臨んだ。

「10年前のわが国経済を振り返ります

と、１９９８年から２０１２年までの約15年の長きにわたるデフレに直面しておりました。こうした状況を踏まえ、日本銀行は２０１３年に量的・質的金融緩和を導入しました。大規模な金融緩和は、政府の様々な施策とも相まって、経済・物価の押し上げ効果をしっかりと発揮しており、わが国は物価が持続的に下落するという意味でのデフレではなくなっております」

黒田氏はそう主張した。22年のインフレ率（生鮮食品除く総合）は２・３％になった。ただ、21年はマイナス０・２％、20年もマイナス０・２％と、コロナ禍の日本経済はやはりデフレ基調だった。黒田体制の金融緩和でデフレから完全に脱したとはいえず、それが同氏の次の言葉につながっていく。

「長きにわたるデフレの経験から、賃金や物価が上がらないことを前提とした考え方や慣行、いわゆるノルムが根強く残っていたことが影響し、２％の物価安定の目標の持続的・安定的な実現までは至らなかった点は残念であります」

ノルムとは企業や家計に染み込んだ「社会通念」のことだ。物価が上がらないことを前提に誰もが行動しており、低インフレの心理を変えるのは至難の業だった。

黒田氏が誇ったのは雇用の改善だった。これは、安倍晋三元首相に近いエコノミスト集団の「リフレ派」も同じようにアベノミクスの成果として主張する。

「経済の改善は労働需給のタイト化をもたらし、女性や高齢者を中心に４００万人を超える雇用の増加がみられたほか、若年層の雇用環境も改善しました。また、ベアが復活し、雇用者報酬も増加しました。賃金や物価が上がらないというノルムに関しても、物価上昇を賃金に反映させる動きが広がりをみせております。今年の春の労使交渉について、現時点の企業の回答状況をみますと、ベアが2％を上回るなど、30年ぶりの高水準となっております。大規模な金融緩和は様々な効果を上げてきており、これまでの政策運営は適切なものであるというふうに考えております」

10年間の雇用の拡大が金融緩和の成果だったかどうかは、議論の余地があるだろう。わずかとはいえ長期金利の低下が10年緩和の成果の一つだとすれば、それによる雇用の押し上げ効果はもちろんゼロではない。しかし、400万人の雇用増がすべて緩和効果によるものと言うのも、やや極論がすぎるだろう。

ルーズベルト的覚悟

私は10年前の13年4月4日、黒田氏が「量的・質的金融緩和（QQE）」を発動した際の記者会見にも参加していた。その日、黒田氏は大きな目を見開いて「何度も申し上げますが、私どもとしては、現時点で考えられるあらゆる政策を総動員して、2％の『物価安定の目標』について、2年程度を念頭に置いて実現する。そのために必要な措置は、ここに全て入っていると確信していますし、実際に、2年程度で物価安定目標を達成できるものと思っています」と言い切った。停滞が続く日本の経済環境を変えようという気合がみなぎっていた。

黒田氏が10年前に打ちだそうとしていたのは「ルーズベルト的覚悟」だった。

財務省在籍時から日銀批判の急先鋒に立っていた黒田氏は、米経済学者のポール・クルーグマン氏（現ニューヨーク市立大教授）を信奉していた。クルーグマン氏は1998年に"Japan's Slump and the Return of the Liquidity Trap（日本の停滞と流動性の罠の復活）"という論文を出し、日銀を手厳しく批判していた。同論文では、日本のデフレ脱却には「日銀がルーズベルト的覚悟を示す必要がある」と主張していた。

黒田氏もこう言っている。「内外の歴史を振り返ると、人々のインフレ予想が短期間で大きく変化した事例は多くはないのは事実ですが、それらはいずれも、政策当局が強い覚悟で行った大胆な政策転換に裏付けられているということです。例えば、1930年代の米国の大恐慌では、ルーズベルト大統領は、デフレ脱却に向けた強い決意を明確に示し、『ニュー・ディール政策』を実行しました」。黒田氏が総裁就任1年目に行った、2013年12月の経団連での講演だ。「これにより、比較的短期間のうちにインフレ予想はシフトアップし、大恐慌に伴う激しいデフレは収束しました」

ルーズベルトとは、1933年に米大統領に就いたフランクリン・D・ルーズベルトのことだ。2013年に発動した量的・質的金融緩和は、その政策メカニズムよりもその規模の大きさによって「期待を転換する」ことに狙いがあった。期待の転換とは、企業や家計が持つデフレ予測をインフレ予測に変えることを意味していた。黒田氏がその模範としたのが、ルーズベルトだった。

ルーズベルトが米大統領になった１９３３年、米国は大恐慌とよばれる未曽有の経済危機に陥っていた。インフレ率はマイナス10％と極めて厳しいデフレ環境にあり、銀行不安と雇用悪化は底なし沼の様相だった。

そのとき、ルーズベルトはリフレーションという言葉を使って「大恐慌期以前の水準に戻るまで、徹底的に物価を押し上げていく」と米国民に宣言している。「もしも、リフレーションができなければ、別の方法を試す。やりきれるところまでやりきるのだ」とも強調した。大恐慌からの脱却に揺るぎない覚悟を示すことで、しみついたデフレ心理を変えようという狙いだった。

その後、ルーズベルト政権は金本位制から離脱。金に対してドルを40％も切り下げて、ドル安効果でデフレ脱却を実現していく。創設から20年しかたっていなかった米連邦準備理事会（ＦＲＢ）も、長期国債の買い入れでニュー・ディール政策を後押しした。今の量的緩和の第１弾と言える策だ。ＦＲＢ本部の建物は「エクルズ・ビル」と名付けられている。ルーズベルト政権時にＦＲＢ議長を務めたマリナー・エクルズの功績をたたえたものだ。

黒田氏は２０１３年４月のＱＱＥ発動時に「量的にみても、質的にみても、これまでとは全く次元の違う金融緩和を行う」という言葉を使っている。「やりきれるところまでやりきる」というルーズベルト的な覚悟が下地にあった。政策面でみても、マネタリーベースを２年で２倍に増やす前例のない量的緩和を打ち出し、数値で覚悟をみせることに尽力した。

ただ、その覚悟もさすがの10年で揺らいでいた。退任記者会見では「期待に働きかける云々というのが、意味がなかったとか効果がなかったとは言わないのですけれども」と口ごもりながら、ルーズベルト的な「期待の転換」が困難だったことをにじませた。

黒田氏はさらにこう続けた。

「量的・質的金融緩和で名目金利を思い切って下げるということが非常に重要な要素だったと思います。非伝統的（な金融政策は）、これは米国も日本も欧州もそうですけども長期国債、長期金利に直接影響を与えるというかたちでやりますので、もちろん期待に働きかけるという意味は予想物価上昇率に働きかけることによって実質金利を下げるという意味がありますので、重要ではあるのですけれども、金利自身は直接、長期金利もコントロールするというのが非伝統的（な金融政策だった）」

ややわかりにくい発言だが、黒田氏が伝えようとしたのはこういうことだ。

10年前に発動したＱＱＥの政策波及経路は主に３つあった。１つはインフレ目標を掲げて巨額資金供給に踏み出すことによる「期待の転換」。これはアベノミクスを支えたリフレ派が主張していたものだった。２つ目は長期国債の大量購入による長期金利の引き下げ。３つ目はポートフォリオ・リバランスと呼ばれるもので、日銀が長期国債を買い上げて、民間金融機関には資金の運用先を貸し出しやリスク資産に移してもらうものである。黒田氏が退任会見で示したのは、１つ目の期待の転換の効果はあまりなく、２つ目の長期金利の引き下げには効果があった、ということだった。13年から18年まで日銀副総裁を務めた中曽宏氏も、同じような感想を漏らしている。

それは私に10年間という時間の流れをいやおうにも感じさせた。黒田氏はもともと自らの理論に揺るぎない自信を持つ信念の人である。その黒田氏の信念が揺らいだのは「ルーズベルト的覚悟」では、ゼロインフレのノルムを変えることができなかったからだ。それは、覚悟が足りなかったのではなく、金融緩和の手段がもはや残されていなかったことが大きい。

そもそも、米国が大恐慌から脱したのは、1941年に太平洋戦争に突入して、巨額戦費で壮大な需要をつくり上げたからだとされる。米国もルーズベルト的覚悟だけでデフレから抜け出たわけではなかった。スタート時点で既にゼロ金利だった黒田氏の異次元緩和は、建て付けからハンディがあった。

大規模緩和で好転したのは、金融市場の投資家心理だ。金融商品は期待で動きやすい。黒田体制に批判的だった門間一夫・日銀元理事（みずほリサーチ&テクノロジーズ・エグゼクティブエコノミスト）も「市場参加者の心理に働きかけることで円安・株高が進み、デフレの閉塞感を打ち破る効果はそれなりにあった」と認める。こうした効果検証は第2章で後述する。

英留学時代に経済学に傾倒

黒田氏に対してはこれまで繰り返し「大規模緩和の副作用が重い」との指摘がなされてきた。同氏はこうした論調に、ときにいらだちを隠さなかった。退任記者会見でも、そうした質問を浴びせられた。私も21年9月に日本経済新聞の単独インタビューで黒田氏に会い、率直にこうぶつけたことがある。

――家計の利子所得の減少、銀行収益の低下など、緩和長期化に伴う副作用も強まっているのではないですか。

「これほどの金融緩和をしなかった場合との比較で考えれば、おそらく（今のほうが）景気の改善は金融機関の収益に好影響を与えているはずだし、雇用の改善を受け家計の所得も増えている。3月の点検でも、明らかに成長率も物価も上がっているということがハッキリした。緩和の副作用やコストはシミュレーションをした結果と比較してどうだったかを考える必要がある。経済政策の論議においては、何が可能か、そのなかで何がベストかを考えなければいけない」

黒田氏が言わんとすることはこういうことだ。少なからず副作用があったとしても、QQEをやらなかった場合に比べれば現時点の経済情勢の方が優れている、と。

日銀は21年3月に「より効果的で持続的な金融緩和を実施していくための点検」を公表し、13年以降の金融緩和がどれくらい経済を押し上げたか試算している。同点検によると、実質国内総生産（GDP）の押し上げ効果は20年7～9月期までの7年強で平均0・9～1・3％程度、インフレ率の押し上げでみても0・6～0・7％分あったとしている。

新聞紙面上では上記のように無機質に伝えざるをえなかったが、私は同氏と話しながら、黒田氏のいらだちはもう少し複雑だったのだと感じていた。

同氏は独善的に日銀の試算を押しつけたいわけでは必ずしもなかった。不満を持っていたのは、日本で大型のマクロ経済モデルを回して数値面や理論面で日銀の金融政策を検証していこうという動きが乏しいことだった。

黒田氏は理論や数値に基づく高度な議論を好む。財務官時代の02年には、英フィナンシャル・タイムズ紙に"Time for a switch to global reflation（世界はリフレ政策に転ずべき時）"という論文を寄稿して、インフレ目標などを巡って論争を巻き起こしたこともある。

ある政府関係者は、日本の「国際金融マフィア」の大先輩である行天豊雄氏が「本当の天才と認めるのは3人。黒田東彦、渡辺博史（元財務官、国際協力銀行元総裁）、氷見野良三（現日銀副総裁、金融庁前長官）だ」と話すのを聞いたことがある。

黒田氏は1967年に東大法学部を卒業して当時の大蔵省に入っている。もともと高校時代に科学哲学の大家であるカール・ポパーに心酔した黒田氏は、東大では法哲学を学んでいた。経済学への造詣を深めるのは、大蔵省在籍時の1969年から71年に英オックスフォード大大学院に留学したときだ。黒田氏が参加したのは、ジョン・R・ヒックスの金融論セミナーだった。

ヒックスは72年にノーベル経済学賞を受賞している。黒田氏が受講したのは選抜された少人数の大学院生向けのセミナーだった。同氏は「これらの機会が、私にとって、金融論や金融政策論を本格的に勉強するきっかけとなった」と後に明かしている。

ヒックスは77年に出版した『経済学の思考法』で、こんな考えを披露している。

「政策行動のアナウンスメント効果とは、人々の心理に生じた変化、将来における見通しにおける変化、それも現実のどんな取引自体に示される以前の変化である。これは、ホートレーが『心理的効果』と呼んだものと同じであるが、この用語は、何か不合理なことを示唆しているので不適切な用語である。アナウンスメント効果は、まったく合理的な行動である」

やや難解な用語使いではあるが、これは黒田氏が２０１３年に量的・質的金融緩和を打ち出した際の「期待に働きかける効果」そのものである。中央銀行が２％のインフレ目標を掲げて「あらゆる手段を講じる」と訴えれば、企業や家計は「これは２％のインフレになるに違いない」と考えて値付け行動などをそのように変える。そんな考え方を黒田氏は古くから持っていた。ルーズベルト的覚悟がそれだが、起点は英留学時代のヒックスにある。

ヒックスはこうも続ける。

「（まったく合理的な期待である）将来に対する期待は、現在利用可能なデータに基づいて形成される。政策の行為は、利用されるデータに対する重要な追加である。政策の行為は、期待の変化をほぼただちに生ぜしめるに違いない。これが筆者がアナウンスメント効果によって意味するところである。ホートレーの分析から学ぶことは、『古典的』な公定歩合のシステムがそのアナウンスメント効果において強力であった、あるいは強力でありえたことである」

黒田氏はこうした高度な経済理論に魅了された。

黒田氏が留学した英国は、のちにマクロ経済分析の中心地を米国に奪われることになる。その米国には、今でも高度なマクロモデルを回すことができる大学やシンクタンクがいくつもある。米西部ワイオミング州の山荘で開く「ジャクソンホール会議」には各国の中銀トップがこぞって集まり、経済学者も多く参加して最新の理論を議論し合っていた。

私も何度かジャクソンホール会議の取材にワイオミングまで足を運び、その熱気を感じる機会を得た。こうした高度な学究議論の場は日本のどこにもなかった。黒田氏の日本に対するいらだちと寂しさは、高い知的レベルで経済論争を闘わせる環境が育ってこないことにあった。

黒田氏は退任記者会見で「伝統的な政策についてのいろいろな分析というのはもういわば100年以上あるわけですけども、この非伝統的な金融政策というのは欧米の場合でも十数年、日本の場合は2001年に量的緩和を入れて以来20年ぐらいということですので、今後、十分理論的な分析は行われるであろうと思っております」とも語った。

黒田氏は日銀総裁の退任後、政策研究大学院大のシニア・フェローとして学究の場に移ることになった。

山口氏も候補として名前があがった

「なんで日銀はOBが現役のことをあれほどまでに悪く言うのかね。財務省だって内部ではそういう面がないわけではないが、日銀みたいに公の場であれほどOBが現役を批判するようなことはない」

黒田氏は総裁退任が近づいた23年初頭、日銀関係者にそうぼやくことがあったという。日銀OBからは、降ってわいたように黒田体制の大規模緩和に手厳しい批判が相次いでいた。現役幹部からも「我々も手段が限られる中で必死にやっている。それをあそこまでOBからメディアであしざまに言われると、ただただ悲しいよ」と愚痴がこぼれた。

黒田体制の10年間は、日銀の現役組とOB組に微妙な亀裂をもたらした。現役組は黒田氏の量的・質的金融緩和（QQE）を実際に動かし、支えた立場だ。OB組からすると、黒田体制と現役組は中央銀行の矩《のり》を超えた領域に突き進んだようにみえた。それは、過去の日銀体制へのあからさまな否定ともみえていた。日銀現役組は誰もがポスト黒田を雨宮副総裁とみていたが、有力OBは異なっていた。

ある有力日銀首脳OBは、白川体制で副総裁を務めた山口広秀氏を黒田氏の後継候補として推していた。

山口氏は金融政策を動かす企画畑が長いだけでなく、与野党有力者とのパイプの太さでも図抜けていた。平時であれば、日銀総裁の最有力候補となるはずだったが、安倍政権の白川体制への猛烈な批判によって13年に副総裁のまま退いていた。山口氏を推す勢力は財務省OBにも広がり、関係者は「武藤敏郎元副総裁（元財務次官）や丹呉泰健元財務次官も山口氏を支持して動いていた」という。武藤氏と丹呉氏は、岸田首相と同じ開成高校OBである。

最終的には「白川体制への先祖返りと映りかねない山口氏の擁立案は、安倍派への配慮から消えた」（日銀関係者）。日銀はOBによる山口氏の待望論と、現役による雨宮氏の昇格論で割れた。雨宮氏が総裁起用案を固辞し続けたのは、こうした日銀OBの動きも影響したとの解説がある。ほかにも、ある政府関係者は「麻生太郎・自民党副総裁に依頼されて、金融庁元長官の森信親氏に日銀総裁ポストの受諾の可否を打診した」と明かす。

「黒田氏の本音としては雨宮氏の総裁昇格を望んでいたのだろう。二人三脚でやってきたし、自らの政策の正当な継承者となりうるからだ」。ある日銀関係者はこう話す。しかし、黒田氏は後任人事に大きな影響力を及ぼそうとは決してしなかった。

3 18年ぶりの円卓

いきなりのワシントン出張

米首都ワシントンは米国有数の桜の名所として知られる。

ホワイトハウスや議会議事堂から程近いポトマック川の入り江には、3千本の桜の木が植えられ、3月下旬になると一斉に満開になる。もともとこの桜は1912年、当時の東京市から日米友好の記念に送られたものだった。ワシントン中心部では3月下旬から1カ月近く、日本文化を紹介する「桜祭り」が開かれ、全米から多くの観光客が訪れる。

この季節はワシントン市内のホテルがどこも満杯となり、宿泊料金も通常の3倍以上に跳ね上がる。桜祭りとともに、主要国の金融・財政当局者が集まる「IMF（国際通貨基金）・世界銀行春季会合」が開かれるからだ。

日米欧や中国、インドなどG20（20カ国・地域）は、IMF総会に合わせて財務相・中央銀行総裁会議も開く。植田和男氏も日銀総裁として就任記者会見を開いた翌11日、慌ただしくワシントンへ向かった。

植田氏を待ち構えていたのは、米連邦準備理事会（FRB）のパウエル議長や欧州中央銀行（ECB）のラガルド総裁ら、経験豊富な主要中央銀行のトップだった。植田氏は「（国際会議で）うまく動くためには、（中銀総裁の）信頼の輪の中に入っていかないといけないと感じた」という。主要7カ国（G7）会議やG20会議でも「非常に率直かつ有益な議論をしていた。ベースには参加者の間の個人的な信頼があると感じた」と振り返る。

中銀トップは2カ月に1回はスイスのバーゼルで内輪の会議を開いている。各国当局首脳はファーストネームで呼び合う親しさがあり、通訳を介さず事務方もいれず、あらゆる施策をトップダウンで決めていく。植田氏のワシントン訪問はそのインナーサークルに入る第一歩であり、同氏は「ある程度の成果は得られた」とも語った。

もっとも、海外の中銀トップやＩＭＦ高官の関心は、植田氏が黒田前体制で敷いた大規模金融緩和をどう修正していくかにあった。

日本は今なお世界３位の経済大国であり、その金融政策は国際市場に多大な影響を及ぼす。とりわけ円やドル、ユーロといった国際通貨は互いの金融政策の影響を受け合う。日銀からみても、ＦＲＢの政策次第で円相場はがらりと変わってしまい、他国の金融政策が日銀の舵取りに大きく影響する。中銀トップは互いに胸の内を明かしながら、次の一手を読み合う関係にある。

ＩＭＦは今回の総会に合わせて国際金融安定性報告書（ＧＦＳＲ）を取りまとめ、こんな試算を紛れ込ませて、植田氏を待ち構えていた。ＩＭＦは世界の通貨当局の総本山である。

「日銀がイールドカーブ・コントロール（ＹＣＣ、長短金利操作）を修正すれば、日本国債の金利が上昇する。そうなると、日本勢の投資マネーが海外から日本に戻り、日本勢がこれまで積極的に買ってきた米国や欧州のソブリン債（国債や政府機関債）の利回りに上昇圧力がかかる」。

ＩＭＦの指摘は、日銀をたじろがせるものだった。植田日銀が緩和修正に踏み切れば、米欧の国債利回りも上昇しかねない。それだけでなく、日本勢が一定の保有割合を持つインドネシアやマレーシアなどの新興国債券も、大規模な資金流出が起きうると警告していた。

ＩＭＦはこんな指摘もＧＦＳＲに潜り込ませた。「日銀にとって政策修正の際に重要なのは明確なコミュニケーションだ。それが市場の混乱を避けることにつながる」

ＹＣＣの解除は世界市場の混乱を招きかねないため、だまし討ちのようなサプライズでの発表は避けるべきだというメッセージだった。黒田体制だった22年12月、日銀はＹＣＣで定めている長期金利の上限目標を突然、０・25％から０・５％に引き上げた。その黒田流のサプライズ手法をＩＭＦ文書は批判していた。

ワシントンに植田氏と同行した日銀関係者は「日本経済や金融政策について、（黒田前総裁退任後の）アップデートをしたいという関心は強かった」と日本経済新聞の取材に明らかにした。それは、独断的な政策変更をいさめる日銀新総裁へのやんわりとした圧力とも映った。

植田総裁の前に広がる３つの金融緩和策

４月27日、植田和男日銀新総裁は18年ぶりに金融政策決定会合の円卓に座っていた。グレーのスーツで身を固め、右隣には金融庁前長官だった氷見野良三副総裁、そのさらに右に日銀プロパーの内田真一副総裁が座った。

植田氏が日銀審議委員を離れた２００５年、総裁は日銀プロパーの福井俊彦氏だった。日銀は正副総裁３人と審議委員６人による合議制で金融政策を決めている。18年前、植田氏はその政策委員9人の中で、最も若い方だった。今では自らが最年長となり、副総裁の氷見野良三氏は63歳、同じく副総裁の内田真一氏は60歳と一回りほど植田氏よりも若い世代となっていた。

新体制で初めて開いた２日間の決定会合で、植田氏は25年間の長期緩和をレビューすると決めた。同氏は記者会見で「デフレに陥った１９９０年代後半以降、この間の金融政策の理解を深

植田和男氏は初めて経済学者出身の日銀総裁となった（写真中央）

め、将来の政策運営に有益な知見を得るためレビューを行う。毎回の会合の決定が適切だったかという観点よりも、政策や手段、例えば時間軸政策や量的緩和政策など25年間を振り返って分析する」と話した。1998年からの四半世紀は、実験的な金融緩和の繰り返しだった。それがどこまで効果をもたらし、一方でどういった副作用があったのか。そして、その間に日本経済はどう動いてきたのか。冷静に振り返るときだった。植田氏は「レビューに対して委員からは、自画自賛でも自虐的でもいけないとコメントがあった」と独特な表現で明らかにして、記者会見の場を和ませた。

今の日銀の金融緩和策は主に3つに分

けられる。

①2%のインフレ目標

・2013年、日銀と安倍晋三政権との間で「共同声明」を発出して、2%のインフレ率を目指して金融緩和していくことを決めている。単なる目標ではなく、企業や家計に「将来はインフレ率が2%になりそうだ」と期待を喚起する狙いがあった。23年春時点でインフレ率は3%を超えているが、原油など資源価格の上昇が主因で、安定的に2%を維持できる力強さはない。植田和男総裁は「早期の達成を目指すが、簡単ではない」としている。

・2%をなぜ目指すのか。ゼロ%を下回ってデフレになるのを防ぐための「のりしろ」との考え方がある。インフレ率が2%あれば、政策金利の水準もそれだけ引き上げられるため、景気が悪くなったときに利下げしやすくなる。長く続くゼロインフレとゼロ金利では、不景気になったときに景気刺激の緩和策がとりにくい。

②長短金利操作付き量的・質的金融緩和

・この金融政策の名称の長さが、継ぎはぎを続けた10年間の黒田緩和を物語っている。その中でも3つの施策に分けられる。

a）長短金利操作（イールドカーブ・コントロール、YCC）

16年にスタートした。現行政策では、長期金利（10年物国債利回り）の上限目標を0・5%

と定めて抑え込んでいる。金利を抑えるためには、日銀による長期国債の購入が必要になる。現在は世界的な金利上昇によって、日本国債の利回りにも上昇圧力がかかっている。金利抑え込みのため、22年は１１１兆円の国債購入を迫られた。日本政府の国債発行残高は１０５１兆円だが、そのうち日銀が５４７兆円を保有。保有割合は52％と歴史的にみて異常な事態となっている。どこまで持続可能なのか。植田日銀は、真っ先にＹＣＣの修正作業に入るとみられている。経済学者出身の植田氏は基本的には自由市場主義者。日銀関係者は「植田氏には長期金利を中央銀行が人為的にコントロールすることにアレルギーがある」とみる。

ｂ）マイナス金利政策

短期金利には０・１％のマイナス金利を適用している。対象は民間銀行が日銀に預ける当座預金の一部だ。通常は預金にはプラスの金利がついて少しずつ増えていくが、マイナス金利はその逆で、預金を預けておくとペナルティーが科せられて目減りしていく。日銀に資金を預けるのではなく、貸し出しやリスク資産での運用に回してほしいという思惑がある。欧州中央銀行（ＥＣＢ）も14年から22年まで、政策金利をマイナスにしていた。マイナス金利をゼロに戻したりプラス圏に引き上げたりすれば、それは利上げになる。植田日銀にとってマイナス金利の撤廃は、簡単には決断できない重要案件だ。

ｃ）リスク資産の買い入れ

長期国債だけでなく、日銀は様々な金融資産を購入している。上場投資信託（ＥＴＦ）は最大で年間12兆円程度、不動産投資信託（ＲＥＩＴ）も同１８００億円程度、それぞれ残高が増えるように買い入れている。実際にはＥＴＦの買い入れは減少しており、22年は６３００億円程度にとどまった。最も多かったのはコロナ危機下の20年で7兆円。22年3月末時点で、東証の時価総額（７３０・４兆円）に対して日銀のＥＴＦ保有額（時価）は51・３兆円（７％）のボリュームがある。リスク資産の購入は黒田体制でスタートしたと思われがちだが、実際は白川方明体制の「包括金融緩和」（10年）で開始した。

③オーバーシュート型コミットメント

・やや形骸化しているが、日銀は２％のインフレ状態を安定的に持続するため「インフレ率が安定的に２％を超えるまで、マネタリーベースの拡大方針を継続する」と約束している。インフレ率が２％に達したからといって、すぐに緩和状態を解除するわけではない、という宣言だ。植田氏が１９９９年に発案した「時間軸政策」の延長線上にある。長期の金融緩和を約束することで、長期金利を引き下げる狙いがある。実際に、日本のインフレ率は22年12月に4％台まで上昇したが、利上げのような本格的な緩和縮小は議論にすらなっていない。植田氏は時間軸政策を好むため、このオーバーシュート型コミットメントは形を変えて持続すると思われる。

金融政策は１９９０年代まで金利の上げ下げだけで済んでいた。２０００年代に入って利下げ余地がなくなると、量的緩和政策やリスク資産の購入、マイナス金利など金融政策は複雑になっていく。市場の日銀マニアとマクロ経済学者には、複雑怪奇な日銀政策が知的好奇心をくすぐる材料となるが、一般の生活者にとって日銀政策は日に日に縁遠い存在になっていった。

金融政策はどこに向かっていくのか。その過程をひもとくには、安倍晋三首相（当時）の経済政策「アベノミクス」の生誕物語にまず踏み込んでいく必要がある。

第2章

アベノミクス、世紀の実験

2013～18年

日本銀行 虚像と実像 検証25年緩和

1　戦力の逐次投入はしない

安倍氏復権と日銀総裁

「出し惜しみをしないように。思い切って大胆にやってほしい」

黒田東彦氏がアジア開発銀行（ＡＤＢ）総裁から転じて第31代日銀総裁に就いたのは、２０１３年３月20日だった。黒田氏はすぐさま企画担当の雨宮正佳理事らを呼び寄せて、着任早々に大規模な金融緩和策の立案を指示したという。

企画ラインの１人は「極めてシンプルな指示だった。細かい政策面での注文は、そのときもそれ以降もなかった」と明かす。雨宮氏らはすぐさま具体策の検討に入り、練り上げたのは「２年で２％のインフレ率を達成するため、２年で国債の保有量を２倍に積み増してマネタリーベースも２倍に増やす」という前例のない策だった。

13年４月４日、日銀は「量的・質的金融緩和（ＱＱＥ）」という名の大型金融緩和策を発動した。黒田東彦氏が総裁に就いて２週間しかたっていなかった。

金融市場は緩和マネーを心待ちにしていた。株式相場は大規模緩和を見越して既に大きく上向いており、久しぶりの高揚感に包まれていた。

4月4日の記者会見で黒田氏は「戦力の逐次投入はせず、2年で2%の物価安定目標を達成するために必要な政策はすべて講じた。量的にも質的にもこれまでとは全く次元の違う金融政策だ」と誇ってみせた。その発言によって、量的・質的金融緩和はそれ以降、一般的に「異次元緩和」と呼ばれるようになる。

黒田日銀が大規模緩和を開始した4月4日、日経平均株価は前日比272円上昇した。2週間で900円近い上げ幅となり、上昇率に換算すれば7%という伸びとなった。

背景にあったのは過度な円高の修正だった。08年のリーマン・ショック以降、断続的な円高が日本経済の重荷となっていた。

外国為替相場は12年9月の1ドル=77円台から、13年5月には同103円台まで一気に26円も円安に振れた。金融政策の転換期待が一因とされた。円安と株高が連鎖する「アベノミクス相場」の正式スタートである。バブル崩壊からの長い停滞が変わるかもしれないという期待が、経済界に大きく広がっていた。


アベノミクス始動のプロセスは政治からみても濃密だ。

06年に52歳という戦後最年少の若さで首相に就いた安倍晋三氏は、持病の潰瘍性大腸炎の悪化によって、わずか1年で投げ出すように同ポストを退いていた。それから雌伏のときを経て安倍氏が政権に返り咲くのは12年冬。政権公約の一丁目一番地は、いつの間にか「大胆な金融緩和」になっていた。政治家一家のプリンスでありながら一敗地にまみれた安倍晋三氏と、異端扱いされてルサンチマンを溜め込んだ「リフレ派」の直情的な反撃の狼煙《のろし》でもあった。

「日銀としっかり政策協調し、基本的には2～3％のインフレ目標を設定し、無制限に金融緩和をしていきます。デフレから脱却し、為替に大きな影響を、そして株式市場にも影響を与えるような緩和策を進めていくことをお約束します」

12年11月15日、安倍晋三・自民党総裁は都内での講演で、そんな大胆な政権公約を披露してみせた。東京はその日、最低気温が8度まで下がり、冬の足音が聞こえ始めていた。にもかかわらず、安倍氏の表情からは、長く寒い冬が終わったかのような高揚感がみてとれた。

前日、野田佳彦首相（民主党、当時）は安倍氏との党首討論で突然、衆院解散を宣言した。野田氏は「16日に解散します。やりましょう、だから」と安倍氏に向かってすっぱり言い切った。その発言を予想していなかった安倍氏は、思わず虚を突かれながら「いいんですね、約束ですね」と何度も念を押すことを忘れなかった。

09年から政権の座にあった民主党は、東日本大震災や原子力発電所事故の対処のまずさから、挽回不能なほど支持率が低迷していた。衆院選が行われれば、安倍自民の圧勝は確実だった。持病の潰瘍性大腸炎で首相の座を1年で下りた安倍氏にとって、これ以上ない捲土重来の機会が訪

安倍晋三氏は金融緩和を選挙の争点に掲げて首相に返り咲いた
©Hajime Takashi／Jana／ZUMA Press／共同通信イメージズ

れようとしていた。

第1次安倍政権は「戦後レジームからの脱却」を唱え、どちらかというと保守的で理念先行的な外交・安全保障を旗印としていた。今回は前回と異なり、円安・株高を目指す金融緩和を政権公約の柱にした。「外交安保の安倍」から「経済の安倍」への転身だった。

それまで、選挙公約の柱に金融緩和を据えた政治家はいなかった。日銀は1998年施行の新日銀法で「金融政策の自主性」を担保されており、政治家が日銀の政策運営に注文を出すのは前近代的なことと思われていた。そうした政界の常識を打ち破ることで、安倍氏は改革者としての勢いを強めていくことになる。

安倍氏が衆院選を前に公言したのは「無制限の金融緩和」だった。金融市場は自民党の政権復帰を確実視していた。緩和マネーへの期待から日経平均株価は1カ月で1000円以上も上昇した。

市場環境はただでさえ良好だった。世界経済の重荷だった欧州債務危機がようやく和らぎ、12年後半は投資家心理が悲観論から楽観論に切り替わりつつあった。安倍氏の「無制限緩和」は、好材料を求める金融市場にスポンジのように吸収されていった。

「勇ましい掛け声で、市場の期待に働きかける」というアベノミクスはこうして基礎が形成された。当時の日銀幹部は「そもそも日銀に輪転機なんてないからねえ。金融緩和なんて選挙の争点になるのかね」と冷ややかだったが、安倍氏は自らの発言で生まれた上げ潮相場に気をよくして、ますます金融緩和論に傾斜していく。

潰瘍性大腸炎で政権を投げ出した安倍氏には、どことなくひ弱なイメージがつきまとっていた。祖父は岸信介元首相、父は安倍晋太郎元外相という育ちの良さは、必ずしも絶対的なプラス要素にはならない。政権の閣僚の顔ぶれを「お友達内閣」と揶揄されたことも、安倍氏を軟弱な政治家として印象づけることになった。

ところが12年9月に自民党総裁に返り咲いた安倍氏は、日銀を仮想敵に仕立てて「無制限緩和」を求めて徹底的に攻撃していく。エリート集団である中央銀行を、長い経済停滞の元凶と見定めて勇ましく叩いていく姿は、安倍氏につきまとう「ひ弱な政治家」というイメージを払拭するのに十分だった。

異端児が支えた金融緩和論

安倍氏の復活を支えた一人は、のちに官房長官になり、さらには安倍氏の後の首相に就いた菅義偉氏だったことはよく知られている。しかし、金融緩和論を振り付けたのは、自民党内で長く異端扱いされていた山本幸三衆院議員（当時）だった。

山本氏は東京大学経済学部を１９７１年に卒業した金融通で、小宮隆太郎ゼミでは白川方明氏の1年先輩だった。小宮ゼミは序章で紹介したように、後に副総裁となる中曽宏氏も卒業生だ。植田和男現総裁も小宮氏の薫陶を受けており、教え子が日銀中枢に多くいる。その小宮門下生である山本氏が長く政界で異端扱いされたのは、票にはつながりにくい大蔵省や日銀の政策批判を議員活動の中心に据えていたからだろう。

山本氏が安倍氏と親しくなったのは、東日本大震災がきっかけだった。円相場は震災直後に1ドル＝76円台まで急騰。大災害後の日本経済の大きな重荷となっていた。

山本氏は「今こそ20兆円規模の日銀国債引き受けによる救助・復興支援を！」と題した政策提言を取りまとめ、永田町を行脚して回った。賛同した田村憲久氏らと議員連盟を立ち上げようという話になったとき、そのトップとして頭に浮かんだのは安倍氏だったという。

安倍氏は日銀が量的緩和を解除した06年、官房長官としてその判断を苦々しくみていた。同氏は当時から「早すぎる緩和解除がデフレを招いた」と手厳しく日銀を批判していた。そのことを山本氏はよく知っていた。

山本氏は安倍氏の事務所に出向いて議連トップの就任を打診した。その上で「政界で復活するには『経済のアベ』になるんだ。経済がよければ選挙にも勝てる」と説いたという。復権を探っていた安倍氏に「経済のアベ」が心地よく響いた。同氏は山本氏の説得を受け入れて議連トップの就任を受け入れる。

安倍氏を会長に担いで山本氏らが「増税によらない復興財源を求める会」を立ち上げたのは12年6月だ。この会の勉強会には、のちに安倍政権のブレーンと呼ばれる浜田宏一エール大名誉教授、日銀副総裁になる岩田規久男・学習院大教授らが招かれた。彼らはこぞってマネーの供給量を増やすことで緩やかなインフレを作り出す「リフレ論」を説くことになる。

関係者によると、なかでも岩田氏は安倍氏に対して「日本が名目4%の成長を続けていれば、10年時点の日本の名目GDPは2倍となり、中国にも抜かれずに世界2位の経済規模を保てた」と主張したという。安倍氏には外交や安全保障の強さを求める右派としての顔があるが、そこに経済理論が入り込んだ瞬間だった。安倍氏は浜田氏や岩田氏の著作を読みあさるようになり「1年もたつと最先端のリフレ派になっていった」（山本氏）という。

12年11月16日に衆院が解散。自民党の政策提言には「デフレ、円高からの脱却を最優先に、名目3％以上の経済成長を達成します。明確な物価目標（2％）を設定、その達成に向け、日銀法改正も視野に、政府・日銀の連携強化の仕組みを作り、大胆な金融緩和を行います」と記されていた。

安倍氏のもとには山本氏や岩田氏だけでなく、後のアベノミクスを支える人材が集まるようになっていた。その中心人物は、元財務官僚で静岡県立大教授に就いていた本田悦朗氏だ。

本田氏は1980年代から安倍氏と長い友人関係にあり、岩田規久男氏とも近い間柄にあった。本田氏は経済界でも官界でも無名と言っていい存在だったが、にわか仕込みの「経済の安倍」には当時の異端児が多く集められた。その典型がアンチ日銀として学界や財界の周縁部にいた「リフレ派」だ。

安倍氏を支えたリフレ派には大きく2つの勢力がある。1つは1998年から2002年まで日銀審議委員を務めた中原伸之氏（東燃元社長）の系譜だ。ハーバード大卒の中原氏は審議委員時代、日銀スタッフに頼らず自らブレーンを集めて先駆的な金融政策を提案し続けたことで知られる。師事したのは、マネタリストである経済学者のミルトン・フリードマンで、日本での政策ブレーンも大量の資金供給を求める嶋中雄二・三和総合研究所主席研究員（当時、現白鷗大教授）らだった。

12年11月中旬、衆院解散が決まったタイミングで、安倍晋三・自民党総裁は自身を囲む財界人による意見交換会「晋如会」に参加している。主催者は中原氏で、同氏と安倍氏は30年来のつきあいだった。中原氏は98年以降の金融政策を採点した資料を安倍氏に手渡し、中央銀行の独立性を与えた新日銀法下でいかに日銀が失敗を繰り返したかを手厳しく批判した。07年の第1次安倍政権下での利上げも「失敗」と断じ、それが政権失速の一因だったと示唆してみせた。安倍氏はそれ以降、金融政策の独立性を制限する日銀法改正案を掲げて日銀に圧力をかけていく。審議委員時代に日銀執行部と摩擦があった中原氏は、逆に日銀が何を嫌がるかも熟知していた。

もう1つの系譜は、後に副総裁になる岩田規久男氏ら「昭和恐慌研究会」のメンバーだった。岩田氏も小宮隆太郎氏の門下生だったが、日銀が資金供給量を増やせばデフレから脱却できると説いて、当時やはり異端児として受け止められていた。日銀の主流派である翁邦雄氏との金融政策議論は「岩田―翁論争」として世を騒がせた。その論争は、小宮隆太郎氏が日銀側に立つことで翁氏に有利に傾き、岩田氏は学界で次第に孤立していく。

岩田氏がその捲土重来へ同士を集めて出版したのが『昭和恐慌の研究』（04年）だった。著者には岩田氏のほか、後に日銀副総裁になる若田部昌澄氏、同審議委員になる原田泰氏、安達誠司氏らが名を連ねた。彼らは「昭和恐慌研究会」というグループを形成して副作用もいとわない大規模緩和を提唱し、アベノミクスの中核となって日本の金融政策に影響を及ぼすようになる。山本幸三氏の橋渡しによって、岩田氏を中心とするグループが安倍氏と近しくなっていた経緯は前述の通りである。

安倍氏は12年冬の衆院選で、本田氏や岩田氏らの助言を受けて「無制限緩和」をアピールし続ける。面白いように株価が上昇していくと、安倍氏はますます岩田氏らリフレ派への信頼を強めるようになった。

12月16日の総選挙では、自民党が圧勝して安倍晋三氏が首相に返り咲くことが決まった。12月26日に第2次安倍政権が発足すると、安倍氏は「大胆な金融政策、機動的な財政政策、民間投資を喚起する成長戦略、この3本の矢で経済政策を力強く進めてまいります」と表明した。1本目の矢は、もちろん金融緩和だった。

4人に絞られた総裁候補

白川方明総裁（当時）は4月の退任が決まっていた。金融市場の焦点は、安倍氏が公約した「無制限緩和」を実現する後任人事となった。

実は最初から黒田氏が本命だったわけではない。当時の安倍官邸の経済ブレーンによると「総裁候補は4人いた」という。

挙がったのは黒田氏のほか、安倍氏にリフレ論を説いた岩田規久男氏、さらには福井俊彦総裁時（03〜08年）に副総裁を務めた岩田一政・日本経済研究センター理事長、そして日銀と財務省が推していた武藤敏郎・日銀前副総裁（元財務次官）だった。

武藤氏は03〜08年に日銀副総裁を務めており、08年に退任した福井俊彦総裁（当時）の後任人事の最有力候補だった。しかし、衆院の多数派は自民党、参院は民主党という「ねじれ国会」となってしまい、当時の野党・民主党に「財務次官OBはダメだ」と一蹴されて人事が否決された経緯がある。

財務省は一敗地にまみれた次官OBに報いるため、今度こそ日銀総裁昇格の機会をつくりたいと動いていた。日銀も武藤氏の百戦錬磨な調整能力に感服しきっていた。速水、福井、白川と3代連続で日銀OBが総裁に就いたこともあり、日銀も財務省OBである武藤氏を次期総裁の筆頭候補にたてて政界調整を進めていた。

しかし、安倍政権の発足で武藤氏の総裁再挑戦は難しくなった。安倍氏は武藤氏が副総裁だった06年の日銀の量的緩和解除の過程を問題視していた。そのうえ、国会は引き続き「ねじれ」が残っており、仮に衆院で武藤総裁案を可決できても、参院を通過する可能性はほとんどなかった。当時の日銀幹部によると、武藤氏は財務省と日銀が自身を推す動きに対して「大変ありがたい話だけれども、国会に2度も否決されるようなことにはなりたくない」と途中で辞退を申し入れたという。

総裁候補者4人のうち、安倍氏の意中の人物は「リフレ派」の支柱である岩田規久男氏だった。岩田氏は東大経済学部を1966年に卒業し、その後は上智大や学習院大などの教壇に立っていた。もともとは都市経済学者だったが、先述の「岩田—翁論争」で話題になる。岩田氏は「日銀が量的緩和によって経済全体に出回るマネーの量を増やせば物価は上がる、今のデフレは日銀の責任だ」と訴えた。日銀の主流派であった翁邦雄氏は逆に「資金供給量は日銀には制御できない」と実務面から例証して反論。学界では翁氏に軍配が上がったとの意見が多かった。

とはいえ、安倍氏は首相の座に返り咲く大きな助言は、岩田氏ら「リフレ派」から得たと信じていた。岩田氏の振り付けた「無制限緩和」は株高効果を持ち、それが「経済のアベ」を印象づけた。安倍官邸で総裁人事に携わったブレーンの一人は「安倍氏の意向を受けて、岩田氏に『とにかく絶対に総裁をやってください』と申し入れた」と明かす。

しかし、同ブレーンによると、岩田規久男氏本人はあっさりと「自分は副総裁ポストが適任だ。専門家として学者として総裁を支える役割を果たしたい」と断ったという。別のブレーンは「麻生太郎財務相が『日銀総裁は学者ではダメだ。組織運営できる人材というのが必要条件だ』と安倍氏に進言した」とも話す。日銀は5000人近い職員がいる大組織であり、決済機能など日本の巨大な経済インフラを担っている。岩田氏自身、簡単に総裁ポストを引き受けられるほどの経験は持ち合わせていなかった。

岩田氏の総裁起用論が完全についえるのは「実はアベノミクスを警戒する外国の圧力の影響だった」（安倍官邸ブレーン）。欧州中央銀行（ECB）で影響力を持つドイツ連邦銀行（中央銀行）のワイトマン総裁は13年1月、安倍政権が日銀を使って円安誘導を強めようとしていると対日批判をぶち上げた。

イングランド銀行（英中銀）のキング総裁も「一部の国が自国通貨の引き下げを講じている」

と暗に日本を批判した。ゼネラル・モーターズ（GM）など米自動車勢も「日本の自民党は円安で貿易相手国に犠牲を与え、日本を成長させる『近隣窮乏化策』を繰り出そうとしている」とオバマ米政権に対応を求めていた。安倍政権は発足早々、国際金融面で対外交渉能力のある人材を押し立てる必要が出ていた。

岩田規久男氏には露骨な国益誘導の場である経済外交の経験はない。百戦錬磨な国際通貨マフィアを相手に日本の経済政策を発信して納得させるだけの人脈もなかった。安倍首相が執心してきた岩田規久男総裁案は、こんな事情で最終的に撤回せざるをえなくなった。

安倍官邸の経済ブレーンの中には、03年から08年まで副総裁を務めた岩田一政氏を推す勢力があり、一時は最有力候補となった。ところが今度は同氏の政策論がネックになった。岩田一政氏は日銀の追加緩和策として米国債などの外債購入論を唱えていた。同案も円安誘導につながる金融政策であって、海外当局の猛反対が予想された。岩田一政氏が06年の量的緩和解除に反対しなかったという点も、先述の武藤氏と同じく安倍氏が総裁起用に前向きになれない理由となった。

代わって急浮上するのが、元財務官で国際派の筆頭格である黒田氏だった。安倍官邸には、ワイトマン氏らアベノミクス批判を始めた海外勢を説き伏せる国際交渉力の持ち主が必要になっていた。

黒田氏は浜田宏一氏や岩田規久男氏らのようなリフレ派とは一線を画していたが、霞が関では日銀批判の急先鋒として知られていた。前述したように、02年12月には財務官在籍時に英紙フィナンシャル・タイムズに"Time for a switch to global reflation"(「世界はリフレーション政策に転ずるべき時」)と題した論文を寄稿し、日銀に3%のインフレ目標を設定して大量に資金供給するよう要求したことがある。05年に出版した著書でも「いかなる原因でデフレが起こっているにせよ、日銀に責任がある」と手厳しく批判していた。財務省出身者ということで麻生氏らの理解も得やすかった。

問題は黒田氏がアジア開発銀行(ADB)総裁を務めていたことだった。日銀総裁に起用すればADBトップの座を任期途中で交代しなければならなかった。官邸ブレーンによると、黒田氏の意向を確認したのは元財務官僚だった本田悦朗内閣官房参与(当時)だったという。

本田氏に対して黒田氏は「もし日銀総裁に、ということであれば、それは大変光栄な話だ」と日銀総裁ポストを受諾する考えを率直に伝えた。本田氏は「ADB総裁を途中退任すれば、同ポストを中国に奪われるのではないか」とも問うたが、黒田氏は「中国はADBの融資国ではなく借入国であり、総裁ポストを担う立場にない」と即答したという。この時点で黒田氏は日銀総裁の最有力候補に躍り出た。

あとは黒田体制を支える布陣だ。日銀には二つの副総裁枠がある。1人は岩田規久男氏の登用がすぐに決まった。

もう1人は日銀プロパーである山口広秀副総裁の続投が固まっていた。関係者によると、退任する白川方明総裁は、次期体制で金融緩和路線を強めるにしても一定の連続性が必要だ、と主張し、山口氏の副総裁続投を強く働きかけていた。白川氏の理解者である麻生太郎財務相もその考えを受け入れ、安倍氏にそう進言していた。

その山口副総裁の続投案をひっくり返したのは、またもやリフレ派だった。なかでも本田氏は「レジームチェンジを果たすには白川体制の一掃が必要だ」と安倍氏に訴え、山口氏の続投案をつぶしてしまう。副総裁には本田氏の知人であった中曽宏日銀理事が推挙され、安倍氏も受け入れた。安倍氏が黒田氏、岩田氏、中曽氏の正副総裁候補3人に正式に就任打診の電話を入れたのは、2月22日だった。

積もり積もった日銀批判

ここで簡単に当時の経済情勢を振り返っておこう。

日本経済は長い低迷期から脱せないままだった。物価情勢は1998年から2012年まで、原油価格が高騰した08年を除いてほぼ一貫してマイナス基調にあった。いわゆるデフレ状態だ。戦後の高度成長が終わり、1990年代のバブルの崩壊で、日本経済は完全に推進力を失っていた。小泉純一郎政権（2001〜06年）は銀行が抱える巨額の不良債権こそ経済停滞の要因とみて解決に乗り出すが、3つの過剰（設備・人員・債務）を解消しても経済は力強い成長軌道に戻ることはなかった。

成長率を年代別にみると、1960年代前半は年平均9％、同後半は11％と戦後の高成長が続いていた。それが70年代に入ると5％台に急減速し、90年代のバブル崩壊で平均1％台の低成長に陥る。2000年代にはゼロ％台が続くようになり、日本経済は「失われた20年」という長い停滞期に突入する。

その間、政界や学界で強まったのは「金融緩和が不足している」という日銀戦犯論だ。物価が長年にわたってマイナス基調にあるという現象が、日銀批判の決定的な要素となっていた。

もう1つの日銀批判の大元は、デフレと同時に進行する円高にあった。デフレ突入前の1998年6月時点で1ドル＝140円台だった円相場は、2011年には同76円まで円高に振れた。日本全体の輸出企業の収益は1円の円高で2000億円吹き飛ぶとされ、経済界の最大の懸念材料だった。円高には輸入価格の下落といったメリットがあるものの、当時は通貨高が日本経済の低迷の大きな要素とみなされていた。

実際、東日本大震災直後の円高は、日本の製造業が海外に流出する一つの要因となった。ある台湾の半導体メーカーの幹部は、私に対して「日本の半導体産業が衰退したのは円高があったから。当時、韓国勢も台湾勢も、日本の円高をほくそ笑んでいた」と明かしたことがある。

日銀批判は日本国内からだけではなかった。その批判の先頭に立っていたのは、米国の主流派経済学者たちだった。

1930年代の大恐慌研究で知られるベン・バーナンキ氏（のちにFRB議長）は、99年の論文で「過去15年間の金融政策は不十分で、日銀は自ら機能不全に陥っている」と手厳しく注文をつけた。ノーベル経済学賞を2008年に受賞したポール・クルーグマン氏（現ニューヨーク市立大教授）も日銀に対して「4％のインフレ目標を15年間維持しては」という大胆な政策提言を打ち出していた。

米国の主流派マクロ経済学者からみると、戦後の先進国で唯一、デフレに陥った日本は、経済理論を試す格好の実験場と映った。のちにバーナンキ氏は当時の思いについて「研究者として日本のデフレに大いに知的好奇心をそそられた」と率直に明かしている。日本の経済学界は発展途上で、海外から経済理論を輸入することで成り立っている。なかでも米国は経済データが極めて豊富で世界的な影響力も強い。

その米国の主流派経済学者による日銀批判をそのまま取り込んだのが、岩田氏らリフレ派だった。黒田氏は「自分はリフレ派ではない」と一線を画していたが、1998年のクルーグマン氏の主張を「簡単な理論的枠組みを使って、重要な政策的含意を導き出しているすばらしい論文」と手放しで称賛している。

黒田氏と岩田氏が正副総裁として入った日銀は、米国の主流派経済学者が「知的好奇心」で提言した金融緩和策を、そのまま実行しようと動いていく。後述するが、バーナンキ氏もクルーグマン氏も、日銀に大規模緩和を求めた自らの理論が不十分だったとのちに見解を修正することになる。そんな未来は、この時点で全くみえていなかった。

舞い戻った雨宮氏

日銀総裁に就くことが決まった黒田氏が真っ先に手掛けたのは人事だった。2013年3月18日、白川体制で大阪支店長に就いていた雨宮正佳理事を東京に呼び戻し、金融政策の制度設計を担う企画担当として再抜擢する。黒田氏は総裁就任前だったが、中曽宏理事を通じて当時の山口広秀副総裁に働きかけ、新体制発足前に人事異動を断行した。

雨宮氏は01年の量的緩和政策の設計者の一人で、先述したように「日銀のプリンス」と称されてきた。白川体制でも企画局長、企画担当理事として「包括金融緩和」などの制度設計に携わっていた。ところが、実験的な緩和政策には慎重な白川氏とは思想が微妙に合わないところがあった。雨宮氏は入行以来、支店長の経験がなく、山口広秀副総裁に「一度でいいから支店に出てみたい」と訴えかけていた。白川氏はその希望を聞き入れて「1年限定」ということで雨宮氏を大阪支店長に出していた。

黒田氏は財務省などの進言を受け入れて、雨宮氏を大阪から呼び戻すことにした。異次元緩和は、黒田氏という表看板と、雨宮氏という設計役の二人で詰めていくことになる。

雨宮氏が戻ってきた企画ラインは、どれだけの金融緩和を実行すればインフレ率が2%に高まるかマクロ経済モデルに基づいてすぐさま計算を進めた。日本経済が持つ需要と供給の差である「需給ギャップ」をはじき出し、それを埋めるにはどれくらいの金利引き下げが必要かを分析していった。

関係者によると、企画ラインが描いた政策波及のルートはこんな絵姿だったという。金融緩和で2年債金利と10年債金利を引き下げて円安をもたらし、輸入物価の上昇によって全体のインフレ率を高める。インフレ率が上がれば賃金水準は実質的に下がるため、企業による採用活動が活発になって雇用が増える。これで実体経済の成長力が高まって緩やかな賃上げにつながる、という経路だった。その結果、マクロ経済モデルではじき出したのは、長期国債の保有量を年間50兆円積み増す巨大な緩和策だった。

ところが当時も今も、企画ラインのこうした試算はきちんと説明されていない。理由の一つは、総裁になった黒田氏や副総裁の岩田氏との政策思想と若干異なるからだ。黒田氏と岩田氏は、バーナンキ氏やクルーグマン氏らの理論に沿って、大規模な金融緩和策で「インフレ期待」を引き出すことを狙っていた。

例えば13年8月に岩田氏が公表した政策経路を示すイラスト（図1）では「2％インフレ目標コミットメント」と「マネタリーベース増加」によってまず「予想インフレ率が上昇」すると示されていた。円高の修正や投資の増加は「予想インフレ率上昇」によって実現するとされており、設計図はクルーグマン氏らの主張する「期待に働きかける政策」そのままだった。

ところが、長年の実務経験がある日銀企画ラインは、金融緩和だけでインフレ予想が生まれるという理論には疑問を持っていた。企画ラインが内々に設計した政策波及経路には「2％インフレのコミットメントで予想インフレ率が上がる」という部分は存在しない。

図1 「量的・質的金融緩和」の波及経路

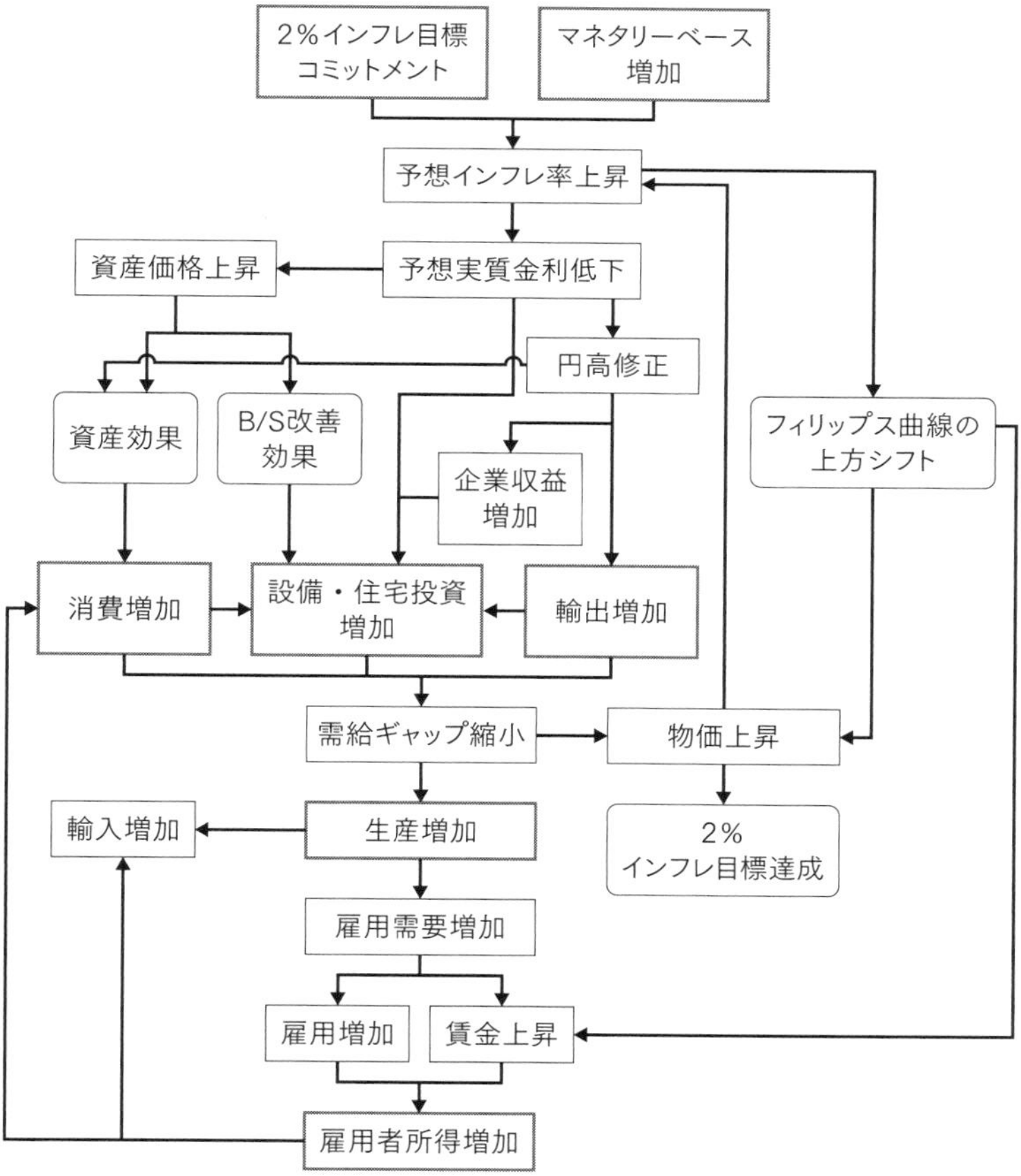

出所：日本銀行資料『「量的・質的金融緩和」のトランスミッション・メカニズム』（岩田規久男氏）

日銀の企画ラインが内部の設計図を外部に説明しなかったもう一つの理由は、大規模緩和で円安を引き起こす手法が、国際的なコンセンサスに反するためだ。

G7やG20は「通貨安誘導を目的とした金融緩和」を認めていない。際限のない通貨安競争に陥るリスクがあり、国際協調に明らかに反するからだ。金融市場からみれば金融緩和と通貨安はいわばワンセットだ。それでも、日銀がそれを国際社会で表立って主張することは禁じ手とされていた。

2 バズーカ発動

「110点の金融緩和策」

「日本銀行は消費者物価の前年比上昇率2％の『物価安定の目標』を、2年程度の期間を念頭に置いて、できるだけ早期に実現します。これまでのようにいわば漸進的に、少しずつ量的・質的な緩和を拡大するようなやり方では、このデフレから脱却して2％の物価安定目標を達成することはできない」

2013年4月4日午後、東京・日本橋本石町にある日銀本店の記者会見室。黒田東彦総裁は

黒田氏は2%のインフレ率を2年で実現できると主張した

「２%」「２年」「２倍」と２がずらりと並んだボードを掲げながら、同日発動を決めた「量的・質的金融緩和（ＱＱＥ）」の説明を始めた。

「市場参加者の常識を超える極めて巨額なものです。戦力の逐次投入はせずに、現時点で必要な政策をすべて講じました」と黒田氏は力説した。

ＱＱＥは大きく４つの政策で構成される。

１つ目は、２年で２%の物価上昇率を実現するインフレ目標を明確にしたことだ。中央銀行が２%の物価目標を明示すれば、人々の物価予測もそこに集約されて値付け行動が変わり、最後にはインフレ目標通り物価２%が自己実現するという考え方からきたものだ。バーナンキ氏やクルーグマン氏ら主流派経済学者が主張する「合理的期待形成理論」をそのまま当てはめた。

2つ目は、金融政策の根幹である市場調節の操作対象を、これまでの短期金利から資金供給量（マネタリーベース）に変更したことだ。量が政策目標になるのは01～06年の量的緩和政策以来のこととなる。マネタリーベースを年60兆～70兆円のペースで増やしていき、当時138兆円だった資金供給量を2年後には2倍の270兆円に膨らませるとした。量的緩和を強力に推したのはリフレ派の岩田規久男副総裁だった。リフレ派に影響された安倍政権もマネタリーベースに執心しており、量の効果に疑問を持っていた日銀執行部も黙認した。

3つ目は、資金供給を増やす手段として、長期国債の大量購入を決めたことだ。これは黒田総裁がもっともこだわった部分だとされる。黒田氏は長年、長期国債の大量購入による長期金利の引き下げが、日銀の追加緩和の有効な手段になると主張していた。QQEでは、長期国債の保有残高を年50兆円ずつ積み上げ、2年で2倍の190兆円に増やすと決めた。当時の政府の国債発行額は月10兆円程度だったが、償還分もあわせてその7割を買い入れる大胆な巨額購入策だった。

4つ目はリスク資産の買い入れ拡大である。上場投資信託（ETF）や不動産投資信託（REIT）を購入することで、株式市場や不動産市場などあらゆる金融市場を緩和的な状態に持っていく狙いだった。リスク資産の買い入れは白川体制で既に始めていたが、QQEは規模が桁違いだった。

「私どもとしては、現時点で考えられるあらゆる政策を総動員して、2%の『物価安定の目標』について、2年程度を念頭に置いて実現する。そのために必要な措置は、ここに全て入っていると確信していますし、実際に、2年程度で物価安定目標を達成できるものと思っています」。黒田氏は繰り返しそう語り、1時間ほど続いた決定会合後の初めての記者会見を終えた。

「予想を超える大胆な金融緩和策。点数は110点くらいあげたいね」。経済財政相として決定会合に参加していた甘利明氏は4日、日銀の大規模なQQE発動を手放しで喜んだ。

金融市場も大型の金融緩和を想定してきたが、2年で長期国債の保有残高を2倍に増やすQQEは予想を超える規模だった。サプライズが市場を駆け巡り、中でも長期金利は過去最低の0・425%まで急低下した。

安倍晋三首相も同日のテレビ番組で「次元の違う金融政策に取り組んでもらえる人として(黒田氏を)総裁に選んだ。見事に期待に応えてくれた」と最大の賛辞を送った。

劇的に反応したのは外国為替市場だった。4月4日の円ドル相場は1ドル=92円から96円台へと大きく円安に振れた。円ドル相場を左右する要素の一つは日米の金利差だ。日本の長期金利が下がれば、投資マネーは円で利回りを稼げなくなってドルに向かう。それが連鎖的な円売りドル買いを呼んで、円安が進むというメカニズムだ。

ほかにも、マネタリーベースの増減が為替相場に影響するという「ソロス・チャート論」が存在する。1980年代の金融自由化でその論理構成は成立しなくなったとされるが、投資家は今でも同チャートの存在を意識する。期待というより誤解に働きかける政策といえるが、マネタリーベースを2倍に増やす政策は円安誘導に効果があった。黒田氏と日銀執行部は資金供給を増やせば物価が上がるというマネタリズムの思想と距離を置いていたが「インフレ期待を高める円安は、どんなルートだろうと大歓迎」（当時の日銀幹部）だった。

私がそのとき耳にした面白いエピソードがある。

日銀の企画ラインは独自のマクロ経済モデルを回すだけでなく、日本のリフレ派の政策提案をすべて調べ上げていた。緩和主義者の中で最も大胆な資金供給策を提示していたのが「三菱UFJモルガン・スタンレー証券（当時）の嶋中雄二氏だった」（企画局関係者）という。嶋中氏は2年間でマネタリーベースを259兆円まで増やせば2％のインフレ率が実現できると試算していた。その計算方法は「修正マッカラム・ルール」と呼ぶもので、どちらかと言えばシンプルな手法だった。

日銀の企画ラインは嶋中氏の提案を上回る資金供給策を出せば「日本のエコノミストは誰一人として『日銀の緩和は物足りない』と言えなくなる」と喝破した。執行部はマッカラム・ルールを必ずしも信じていなかったが、嶋中案を上回る「マネタリーベースを2年で270兆円にする」というQQE案を取りまとめていく。実際、嶋中氏はのちにQQEを「100点満点」と評し、その後は日銀批判から日銀称賛へと180度転換する。

黒田氏という追い風を生かしてあらゆるリフレ派エコノミストを取り込み、長年の日銀批判を一気に鎮めにかかるという発想は、黒田氏が呼び戻した雨宮正佳理事によるものだった。日銀の政策を長年取り仕切ってきた雨宮氏は、組織防衛まで計算し尽くして動く真の策士であった。

本当はみな懐疑的だった2年2％

私はその頃、日本の金融政策と金融ビジネスの双方の取材を統括する「金融キャップ」を務めていた。黒田氏の記者会見にも参加して、そのまま原稿にまとめる必要があった。出稿にあたり、量的・質的金融緩和の策定の流れを改めて取材したいと思い、記者会見後にある日銀関係者を訪ねた。

同氏は量的・質的金融緩和を設計した中心人物だった。驚いたのはその関係者が黒田氏と異なり、どことなく冷めていたことだった。同氏は「世界でみたって前例のない金融緩和だろう。でも、これだけのことをやってもダメだったらさ、逆に日銀がずっと言っていたこと（金融緩和の不足が日本経済の停滞の原因ではない）が正しかったと誰もがわかるようになるんじゃない？」と、達観したように言ってみせた。

3月20日に第31代日銀総裁に就いた黒田氏は「2年で2％のインフレ目標は必ず達成できる。まずは日銀職員であるキミたちがそれを信じることだ」と行内で説いて回ったという。しかし、私が訪れたその関係者は「大規模緩和によって2％インフレを2年で達成できる」とは必ずしも思っていなかった。

日銀は1998年に日本がデフレに突入して以降、あらゆる「非伝統的金融政策」に取り組んできた。実は黒田氏が誇った量的・質的金融緩和も、前任の白川方明氏が打ち出した「包括緩和」を拡大したものにすぎなかった。15年近くも金融緩和を続けながら低インフレは改善してこない。過去の緩和策にも携わった日銀高官からみれば、金融政策だけで日本経済の体温を高められる状態にないことは自明の理だった。

私が黒田氏の記者会見後に会った関係者は「2%インフレが実現できれば日銀の勝利。もしも実現できなくても日銀のこれまでの主張が正しかったと証明できるのだから、どちらに転んでも日銀の勝利だ」とも言ってみせた。私自身、金融緩和だけで日本経済が再生できるとは、当時も考えていなかった。そんな私見が伝わって、その日銀高官も当時の冷めた胸の内を思わず私に語ったのだろう。

実際、黒田バズーカと当初はもてはやされた大規模緩和は「2年で2%のインフレ率」という目標をなかなか達することはできず、10年間にわたって苦闘することになる。金融緩和だけで日本経済が立て直せるわけではないことは、10年後には誰の目にも明らかになった。13年に日銀高官が私に語った通り、確かに日銀は金融緩和不足と責められることはなくなった。ただ、それが「日銀の勝利」と誇れる状況なのかは疑問である。

「インフレ率が2年で2%になるなんて、それは無理だろうと思っていた」。当時、日銀審議委員だった木内登英・野村総合研究所エグゼクティブエコノミストはそう話す。日銀プロパーで行内きってのエコノミストである門間一夫氏（当時理事）、前田栄治氏（当時調査統計局長）もそろって「大規模緩和に踏み切ったとしても、2年で2%インフレの達成は難しいと当時思っていた」と明かす。QQEの発動直後は、円安と株高が進んだ。金融市場は投資家心理の変化で大きく動く。しかし、実体経済はそう簡単には動かないことが実務家にはわかっていた。

先述した通り、当時の日銀内には黒田氏や岩田氏が説明する表向きのQQEの波及経路と、日銀企画ラインが「本音」として隠し持つ裏の波及経路があった。

先ほど掲載した、岩田規久男氏が13年8月にQQEの経済への波及経路として示した図1を再度見てもらいたい。起点は「2%インフレ目標コミットメント」と「マネタリーベース増加」というQQEの施策そのものだが、その先にすぐ「予想インフレ率上昇」がくる。それによって予想実質金利が下がり、設備・住宅投資などが増加し、さらにはフィリップス曲線の上方シフトなどが起きて物価上昇を実現する、という想定になっている。

やや専門的な表現だが、簡単に解説すると「予想実質金利」とはこういうことだ。今はインフレ率がゼロ%で、金利もゼロ%だ。しかし、来年はインフレ率が2%になると想定されれば、金利が0%であっても情勢が変わる。実質的な金利水準はマイナス2%となり、いわゆる利下げ効果があらわれる。これが予想実質金利の引き下げだ。実質的な金利水準が下がるのであれば、マネーを借り入れて投資しようという動きが出てくる。これが岩田氏らの主張する「予想インフレ率上昇」の効果だ。

しかし、誰もが来年はインフレ率が2％になる、と信じ込むような物価予測の引き上げは、岩田氏が考えるほど簡単なことではない。バーナンキ氏やクルーグマン氏らは中央銀行が「2％インフレになるまで何でもやる」と宣言すれば、経済に参加する企業や個人は「これは物価が上がりそうだ」と信じ込むと考える。日銀は期待に働きかけるため、マネタリーベースの増大という「見せ金」まで用意してみせた。

問題は、日本中の誰もが金融政策や物価動向に関心があるわけではないことだ。実際、「日銀の2％インフレ目標を知っている」と答えた生活者は25％にすぎない。マネタリーベースという概念の理解はもっと難しいだろう。そのような状態で万民の予想インフレを引き上げることは可能とは言いがたい。主流派マクロ経済学には「代表的個人」という単純化モデルがある。合理的な人間であれば、先々の経済の変化を予想して今から経済行動を変えるという考え方だが、実体経済にどこまで当てはまるのだろうか。

こうした発想が通じやすいのは金融市場だ。中央銀行が「株価対策を実行する」と宣言するだけで、その手段が何であろうと株価は上がるだろう。投資家がそろって「株価は上がる」と予想すれば、政策が発動される前に実際に株買いが起きて株価は上がるからだ。価格だけが投資行動を決める金融市場では、こうした自己実現が起きやすい。それを実体経済にあてはめようとしたマクロ経済学の限界がここにはあった。

当時、ＩＭＦのチーフエコノミストであった著名経済学者のオリビエ・ブランシャール氏は「日銀の劇的なマネタリーベースの拡大は、心理ショックを与えるという狙いが大きい。しかし、教科書に書かれているような金融政策の力学的な効果からはほど遠い世界にある」と明快にその限界を指摘していた。

3　届きかけた2％インフレ

2年目にはすでに苦境に

２０１１年秋に１ドル＝75円台まで上昇していた円相場は、安倍政権の発足と黒田体制の始動によって、13年5月には同１０３円台まで円安が進む。株式市場も12年6月時点で８５００円を割り込んでいた日経平均株価が、13年11月には1万５０００円台を回復するようになった。長く続いた円高と株安は、リーマン・ショックや東日本大震災で打撃を受けた日本経済の重荷だった。株価の回復と円高の是正は、経済界に心理的な明るさをもたらした。

もちろん、日銀が打ち出したＱＱＥだけで円高是正と株価回復が実現したわけではないだろう。

円安基調への転換は、欧州債務危機から抜け出した世界経済の改善が一つの理由であり、震災後に定着した貿易赤字も恒常的な円売り要素となった。こうした円高是正の機運の上にQQEが乗っかって、投資家心理を好転させたとみるのが自然だろう。

円安への転換は、輸入物価を押し上げてインフレ率を持ち上げる効果もあった。ここまでは日銀の企画ラインの想定通りの動きだった。

08年のリーマン・ショック以降、日本の物価上昇率はほぼ一貫してマイナス圏にあったが、13年6月にようやくプラス圏に浮上する。同年12月にはプラス幅が1・6％まで拡大。13年度の実質GDPは前年度比2・7％増と、ゼロ％台半ばとされる潜在成長率に比べて大きな伸びとなった。QQEの1年目は、世界経済の回復とそれに伴う円安が追い風になり、あらゆる成果をみても十分に合格点といえた。

日本経済新聞のデスクとなっていた私は14年5月、就任から1年がたったばかりの黒田総裁と会ってインタビューに臨んでいる。

黒田氏は1年目の自己評価について「金融政策は全体として所期の効果を上げている。昨年4月4日に量的・質的金融緩和を決めた際には、実体経済に金融緩和の効果が波及する3つのルートを考えていた。ひとつは長期金利を含めてイールドカーブ（金利曲線）全体を押し下げる効果、2番目はいわゆるポートフォリオ・リバランス効果、3番目は市場や経済主体のデフレ期待を転換する効果で、それぞれが効果を上げている」と冷静に語った。

インフレ率の引き上げについても「大量の国債買い入れの効果で長期金利が低位安定している。一方でインフレ期待は高まってきている。名目金利から物価上昇の影響を除いた実質金利は明らかに低下し、マイナスになっているとみている。これが投資や消費にプラスの効果を与えてきたのではないか」と自信をみせた。

その上で「消費者物価指数の前年比上昇率も上がってきていて、ここ4カ月間は生鮮食品を除くベースでプラス1・3%が続いている。消費税率を上げた1997年や、石油や食品など1次産品価格が世界で全般的に上がった2008年を除くと、このような物価上昇が続くのは1993年以来のことだ」と総括した。もともと2%目標に半信半疑だった日銀企画ラインも、このときは「いろんな追い風が吹いて、本当に達成できるのではないかと思っていた」という。

ところが、1年目の好循環は、この14年春を境に逆回転していく。

一つは消費税増税による国内景気の減速だ。消費税率は14年4月にそれまでの5%から8%へと引き上げられた。4~6月期の実質成長率はマイナス7%（前期比年率換算）となり、7月以降もなかなか回復機運が高まらなかった。副総裁だった中曽宏氏は自著で「結果的に、私たちは消費税率引き上げの影響を過小評価していた」と記している。税率の引き上げだけでなく、インフレ率も6年ぶりの水準まで高まっており、家計にはダブルパンチとなった。QQEの思わぬ副作用だった。

そこには日銀企画ラインの誤算もある。円安による輸入物価の上昇が、国内のインフレ率を高めるところまでは想定通りだった。ところが次の経路である賃金の引き上げは一向に進まなかった。14年4～6月期の雇用者報酬（インフレ率を差し引いた実質ベース）はマイナス1・7％となり5四半期連続で減少していた。賃上げに結びつかなければ、物価上昇は国内需要にかえってマイナスとなる。

もう一つのQQEの逆風は、原油価格の下落にあった。中国と欧州経済がそろって減速し、世界的にエネルギー需要が減退し始めていた。ダメ押しは米国のシェールオイルの増産だ。1バレル100ドル前後だった原油価格は14年夏ごろから急低下し、同年末には50ドル台前半まで下がっていく。

円安による物価押し上げ効果も、1年たてば一巡する。インフレ率は14年夏には1％まで下がり、さらに伸び率の鈍化が予想されるようになった。QQEに携わった当時の日銀関係者は「賃上げが思ったより進まず、QQEによる『バクチ』がうまく機能しなかったことも明らかになっていた。内部ではこのころから、2％インフレを2年で達成するという公約も実現できないとの認識になっていた」という。次第に日銀内には「追加策を打たなければならないのでは」という機運が生まれてくる。

サプライズの第2弾緩和

14年10月31日、黒田日銀はQQE第2弾に突然打って出る。サプライズ緩和の再来だった。

「2%の物価安定目標の早期実現を確かなものにするために、量的・質的金融緩和を拡大することに決めました。これだけのことをやれば、デフレマインドの転換が遅延するリスクに十分対応できる」

QQE第2弾の内容は①マネタリーベースの増加ペースを、60兆~70兆円から約80兆円に拡大する②長期国債の保有量も増加幅を年50兆円から80兆円に増やす③国債購入の平均残存期間を最大3年延長する④上場投資信託(ETF)と不動産投資信託(REIT)の購入額もこれまでの3倍に増やす――だった。QQE第1弾では2が並ぶボードを見せて記者に説明したが、黒田氏は「30兆円、3年、3倍」と今度は3をそろえてアピールした。

原油安などでインフレ率は伸び悩んでいたものの、市場はこのタイミングで追加緩和に打って出ると全く予想していなかった。決定会合直前の10月28日、黒田氏は国会に呼ばれて「2%の物価安定の目標の実現に向けた道筋は順調」と繰り返し回答していた。そこには、市場に「追加緩和はなさそうだ」と思い込ませ、それを逆手にとってサプライズを演出する黒田氏特有のスタイルがあった。

日銀内でもQQE第2弾の発動は、直前までごく数人にだけしか知らされていなかった。当時の企画ラインの幹部は「長期国債の買い入れ量を年50兆円から80兆円に増やすという決断は、黒田氏と雨宮氏の完全なトップダウンで決まった」と明かす。政策決定で投票権を持つ審議委員も、10月31日の決定会合の数日前になってQQE第2弾の発動とその内容を初めて知らされたという。

当時副総裁だった中曽宏氏は、このときのことを「決して容易な決断ではなかった」と自著で述懐している。「そもそも日銀は年80兆円も長期国債を購入できるものなのか」。中曽氏は決定会合で当然ながら賛成票を投じたが、その直前には企画局幹部にそう率直な疑問を問いかけている。同日の決定会合は4時間もの時間を費やし、最終的には5対4という僅差の票数で可決されている。

会合で反対票を投じた木内登英審議委員（現野村総合研究所エグゼクティブエコノミスト）は「日銀が絶対に諦めないという強い意思を示せば人々の期待が高まる、という考え方に無理があった」と、黒田体制に焦りと驕りがあったと思い返す。なかでも岩田規久男副総裁は就任前の国会での質疑応答で、2年で2％インフレを実現できなければ「最高の責任の取り方は辞任だ」とまで述べており、外部からは計り知れぬプレッシャーを受けていた。

黒田氏が消費増税を支援？

「消費税率引き上げの判断は、あくまでも政府および国会でお決めになることですので、私から何か申し上げることはございません」

ＱＱＥ第2弾の発動を決めた記者会見で黒田氏はこう話した。記者から「消費増税に耐えうる経済環境が、今のままでも達成できるのか。政府・日銀の追加対応が必要か」と問われたからだ。

当時、政府は15年秋にさらなる追加増税を予定していた。ただ、14年春の増税で景気は弱含んでおり、安倍政権は追加増税の可否を「7～9月期の景気の戻りをみて最終判断する」と公言していた。ＱＱＥ第2弾は、その安倍官邸の増税判断を後押しするためのバズーカとみなされたのだ。

黒田氏は36年間の財務官僚人生の中で、税制を扱う主税局にも長く所属していた。日銀総裁就任後も、財政健全化が必要だと繰り返し安倍政権に訴え続けてきた。

例えば13年8月末、首相官邸で開いた消費増税に向けた「集中点検会合」で黒田氏は、増税見送りのリスクを問われて「確率は低いかもしれないが、起こったらどえらいことになって対応できないというリスク」があると答えた。政府の債務残高についても「３００％、５００％、１０００％でも大丈夫かといえば、それはあり得ない。どこかでボキッと折れる。折れたときは政府も日銀も対応できない」と話し、明快に消費税増税の見送りに反対論を唱えた。この発言は内閣府が公表した議事要旨からは削除されたが、すぐさま霞が関の外に出回った。

当時の企画部門にいた日銀関係者は「消費増税を支援するなんて発想はまったくなかった。黒田氏の腹の内はわからないが、少なくともそういう大義名分では全くなかった」と話すが、安倍官邸の受け止めは違ったようだ。アベノミクスのとりまとめ役だった本田悦朗内閣官房参与（当時）は、15年10月に予定していた追加増税に猛反対していた。予告なしのＱＱＥ第2弾をみて「結局、黒田さんは財務省の人だった」と、距離を少し置き始めていく。

安倍首相は結局、14年7～9月期の実質成長率が2期連続でマイナスとなったことを見極めて、翌年秋の追加増税を先送りする判断を下す。さらに衆院解散によって民意を問うとも表明した。自民党と公明党の与党は合計で３２０議席を超える勝利を収め、このときから政界は「安倍1強」の様相を呈していく。ところが、この話はここで終わらない。黒田氏はそれでも政府の財政再建を粘り強く求めていく。

15年2月12日、首相官邸4階大会議室で開いた経済財政諮問会議。黒田氏は「(20年度の基礎的財政収支黒字化に)もっと本腰を入れてやらないといけない。リスキーな状況になってきている」と警鐘を鳴らしてみせた。

「ここからはセンシティブな話なので、外に出ないように議事録から外してもらいたい」と黒田氏は注文をつけ、増税延期によって日本国債の格下げが相次いだことで「欧州の一部銀行は日本国債を保有する比率を恒久的に引き下げることとしています」と不安を強調した。「(国際展開する銀行は)外国の国債についてはその格付けに応じて資本を積まなければならない。格付けが下がるとどうしても外国の国債を持たなくなる。現に欧州の一部の銀行がそのように動いた」。黒田総裁はさらに続けて「これからお話しすることはもう少し深刻な話である。実はドイツ、アメリカ、イギリスなどが強硬に、銀行が自国の国債を持つことについても資本を積むべきであると主張している」と明らかにした。

現在の銀行規制では、自国通貨建ての自国国債は「リスクゼロ」という扱いになっている。銀行がどれだけ自国の国債を持ったとしてもリスク資産としては扱わず、損失に備えた自己資本を積み増さなくてもよいという措置だ。米欧日などの金融当局で構成するバーゼル銀行監督委員会では、このリスクゼロという扱いを見直そうという議論が起きていた。

こうなれば、国債保有量の多い日本の銀行は増資などで追加の自己資本を積まなければならなくなる。これは収益力の低下に直結する規制強化策だった。黒田氏は諮問会議で「とんでもない話。日本やイタリアが反対しているためなかなか合意に至らないと思うが、ドイツや米国が自国でそういった規制を導入する可能性がある。資本不足と言われるのを恐れ（銀行は）国債を手放してしまうかもしれない」とも指摘した。

実際、黒田氏はその後の17年のバーゼル委員会で、規制強化を求めていたドイツに「国債にリスクがあるといっているのは、このなかであなただけだ」と一喝して、国債の「リスクゼロ」を堅持する。通貨マフィアとして太い国際人脈を持つ黒田氏が発言力をみせつけた瞬間だった。それほどまでに黒田氏の日本の財政を守ろうとする思いは強かった。

しかし、黒田氏の懸念とは真逆に、日本の財政状況は悪化の一途を辿る。ＱＱＥはこの頃から、中央銀行が国債を大量購入することで膨張する財政支出を支える「財政ファイナンス」の色彩を強めていく。もともと日本政府の債務残高は12年時点でＧＤＰ比２２６％と主要国で最悪の水準だった。消費増税を見送った15年には同２２８％、21年にはさらに２５６％まで膨張していく。新型コロナウイルス危機があったとはいえ、もはや超低金利政策を簡単に解除できないほど日銀緩和は放漫財政に組み込まれてしまった。日銀が保有する国債の保有量も12年の１００兆円から22年には５４０兆円まで膨らんでいる。発行残高全体でみた比率でいえば、日銀の保有量は11％から50％超まで増大した。

4　浮かんだマイナス金利

買えるモノがなくなった

14年10月に発動したＱＱＥ第2弾は、当日こそ日経平均株価が７５５円上昇して同年最大の上げ幅となったものの、その勢いは長く続かなかった。

日本経済は円安で輸入が増えて成長していくような単純なメカニズムではなくなっていた。輸出数量指数をみるとＱＱＥ発動から1年半、ほぼ横ばいのままで、海外に流出した製造拠点は簡単には国内に戻ってはこなかった。「そもそも人手不足で、円安だからといって日本でモノをつくる時代ではなくなっていた」（日銀関係者）という。

14年４月に１・５％まで高まった消費者物価指数（生鮮食品除く総合）は、同年12月には０・

5%へとさらに鈍化し、15年4月にはゼロ%に戻ってしまう。黒田体制で当初掲げた「2年で2%の物価安定目標を達成する」という公約の実現は絶望的だった。

にもかかわらず、長期国債の買い入れは「既にフルスロットルで、これ以上の拡大余地はない状態」(当時の企画局幹部)になっていた。日銀が毎年、長期国債の保有量を80兆円も積み増していけば、いずれ市場にある国債を日銀が買い占めてしまうことになる。国際通貨基金(IMF)は「日銀のQQEは17年から18年にかけて限界を迎える」との試算を15年夏にまとめている。日銀が主要中銀で最初に仕掛けた量的緩和は、QQE第2弾によって初めて「買うモノがなくなる」という異常事態に突入しようとしていた。それは現在の金融緩和を制度面で維持できなくなることも意味していた。

「いやいや。まだまだ追加の金融緩和策はあるよ。ちょうどマイナス金利政策の研究も始めたところだ」。日銀企画ラインのある関係者から、私がこう打ち明けられたのは14年12月のことだった。

その日、私はあるシンクタンクが主催する年末恒例の懇親会に参加していた。そこで偶然出くわした日銀関係者と、そんな立ち話になったのだ。原油価格の下落が国内のインフレ率を下押ししていた。私が同氏に「もう追加緩和は難しいでしょう。日銀が原油でも買ったらいいのではないですか」と冗談を言ったところ、返ってきた答えがマイナス金利政策案だった。

「それは、政策目標を金利に戻すということですか」と私が問うと、その高官は「その通り。マイナス金利にすれば、また際限なく緩和余地が生まれることになるからね」と答えた。マイナス金利を5％も10％も深掘りしていくことは非現実的だが、それでも名目上は緩和余地に限界がなくなることは確かだった。

政策金利をマイナスにするということは、どういうことだろうか。民間銀行は日銀に準備預金を預けている。日銀はその民間銀行に利子を支払っているが、これをマイナスにすれば利子ではなく手数料を徴収するような仕組みになる。

量を重視するQQEでは、当座預金を預ける民間銀行に0・1％の利子を支払っていた。日銀は民間銀行から長期国債を買い上げ、その民間銀行は国債を売って得た資金を日銀に預けて0・1％の利子を受け取る。この仕組みは、結果的には年2000億円程度の銀行への事実上の補助金と成り代わっていた。

マイナス金利にしてしまうと、逆に準備預金にペナルティーを科すような仕組みになる。ただ、こうなると日銀に当座預金を積み上げることが難しくなり、民間銀行は日銀に長期国債を売りにくくもなる。マイナス金利政策は長期国債を軸としたQQEと矛盾するのではないか。私は同高官に対して率直に「マイナス金利政策と量的緩和政策は両立しないのでは」と問うたが、いくらでも両立できるやり方はあるよ、と彼は答えた。

マイナス金利政策は12年7月にデンマーク中央銀行が導入して火が付いた。14年6月にはECBが採り入れ、さらに同12月にスイス中央銀行もマイナス金利政策を決定した。私が日銀関係者からマイナス金利政策案を聞いたのは、スイスが同政策を導入した時期と重なる。日銀は実際に、スイスを参考にマイナス金利政策の制度設計を進めていくことになる。

スイスのマイナス金利政策は、民間銀行が中央銀行に預ける当座預金のうち、マイナス部分を限定する「階層方式」だった。法律で求められる準備預金の20倍を超えた場合は、マイナス0・75%の金利を課す。銀行の収益に一定程度配慮しながら金利をマイナス圏に誘導することが可能になっていた。

スイスは政策金利をマイナスと設定することで、スイスフラン高を防ぐ効果も狙っていた。追加緩和の余地をつくりながら銀行部門の収益も維持したい日銀にとって、通貨高の防止まで狙ったスイス方式は一つの理想像と映った。日銀関係者によると「15年半ばには日銀のマイナス金利政策の骨格案は仕上がっていた」という。

ところが、日銀はすぐさまマイナス金利政策を発動したわけではなかった。岩田規久男副総裁らリフレ派は、アベノミクスの柱を資金供給量（マネタリーベース）の増大＝量的緩和と位置づけていた。金利政策の復活は、リフレ派が自ら理論付けしたアベノミクスの失敗とみなされるリスクがあった。

15年夏には中国・人民元安が加速する「チャイナ・ショック」が発生し、同年秋には世界景気自体が大きく減速し始めていた。それでも、企画ラインは岩田氏らに配慮してひとまずマイナス金利政策を封印し、12月に「金融緩和の補完措置」を発表する。

これはまさに苦肉の策だった。長期国債の積み増し量は変えないものの、購入対象の国債の「平均残存期間」を広げるとした。ETFの買い入れ量を年3000億円増やすことも決めた。追加的な金融緩和と呼べるほどではなく、逆に「戦力の逐次投入はしない」と豪語した黒田氏の政策スタンスの変化と映った。市場には失望感が広がり、同日の株価は前日比367円安となった。「黒田バズーカ」は初めて空振りに終わった。

不運なことに世界経済も逆回転し始めていた。16年1月には再び「チャイナ・ショック」が発生して、世界的に株価が急落する。円相場も1ドル＝120円台前半から半年で同100円へと急騰してしまう。

2％インフレの実現に向けて、もっとも重要なのは16年の春闘での賃上げ動向だった。その大事な局面での円高転換は、企業心理の悪化を招いて賃金上昇を止めてしまう懸念があった。賃上げなき物価高は、生活者による黒田日銀の信認を損なうことにもなる。

黒田総裁は1月22～24日にダボス会議に出席することになっており、出発前に追加緩和策の準備を指示した。企画ラインは懐で温めていたマイナス金利の検討に正式に入る。その間、黒田氏は1月21日の参院決算委員会に呼ばれて追加緩和の可否を尋ねられたが「現時点ではマイナス金利ということを具体的に考えていることはございません」と回答した。

国会といえども金融政策の行方を決定前に答えられないのは事実だが、マイナス金利政策はこれまでと同様にサプライズでの発表シナリオが練られていた。

異次元から3次元へ

「本日の決定会合では、2%の物価安定の目標をできるだけ早期に実現するため、『マイナス金利付き量的・質的金融緩和』を導入することを決定しました。これまでの量と質にマイナス金利という金利面での緩和オプションを追加し、いわば3つの次元のすべてにおいて、追加緩和が可能なスキームとなります」

黒田東彦総裁がマイナス金利政策の導入を発表したのは16年1月29日だった。黒田氏は具体的な仕組みをこう説明した。「金利の面では、日本銀行当座預金にマイナス0・1%というマイナス金利を適用します。今後、必要な場合には、さらに金利を引き下げます。当座預金にマイナス金利を付すことで、イールドカーブの起点を引き下げ、短期金融市場に幅広くマイナス金利が浸透することになると考えられます。量の面では大規模な長期国債の買入れを継続することと合わせて、金利全般により強い下押し圧力を加えていきます」

ゼロ金利政策は、日本のようにインフレ率がゼロになると効果をもたらさない。米国のように2%程度のインフレ率があれば、ゼロ金利政策の効果は出る。実質的な金利水準は、インフレ率を差し引いてマイナス2%になるからだ。日本はインフレ率がゼロなので、実質金利をゼロ以下に下げるのが極めて難しかった。

黒田体制のＱＱＥ第1弾は「近い将来、インフレになりそうだ」と企業や家計に信じ込ませて「予想インフレ率」を引き上げ、それによって予想実質金利をマイナス圏に引き下げる政策だった。マイナス金利政策は「無理やり名目金利を下げてしまおう」というストレートな発想だ。実質金利をマイナスにしようとするＱＱＥから、名目金利をそのままマイナスにする次のステップに突き進んだ。

金融市場は黒田日銀の想定通りにサプライズが広がった。円安・ドル高が再び加速し、その日だけで1ドル＝119円から一気に121円台中盤まで円安が進んだ。日経平均株価も前日比477円高と好感して引けた。15年12月の不発策を挽回する「黒田バズーカ」の再来とみえた。

ところが、その流れは数日しかもたなかった。円高基調に戻ったことがあるが、株式市場で銀行株の下落が目立ってきたからだ。マイナス金利政策は、民間銀行にペナルティーを科す仕組みにほかならない。大手銀行はそろって預金金利の引き下げを発表し、生活者にも負のイメージが広まり始めていた。

ここでマイナス金利政策の制度を説明しておこう。マイナス金利政策は、当座預金を階層に分け、これまで通りに0・1％の金利を民間銀行に支払う「基礎残高」と、ゼロ金利部分の「マクロ加算残高」、そして0・1％のマイナス金利を課す「政策金利残高」の3層構造とした。銀行への事実上の補助金が維持される一方で、あまりに当座預金を積み過ぎればペナルティーを支払う必要も出てくる。日銀内では、企画ラインが編み出したこの構造を「よく考えられた策」と評価したが、外部からはなかなか正確に理解できなかった。とりわけ、ペナルティーを支払うことになる民間銀行には、直情的な反発が一瞬にして広まった。

日銀にはもう一つの想定外があった。新政策の発動から10日ほどたった2月9日に、長期金利まで史上初めてマイナス圏に低下してしまったのだ。投資マネーは少しでも利回りを得られる超長期債に向かうようになる。結果として短期金利から超長期金利までの金利曲線（イールドカーブ）がほぼゼロ水準で平坦になる極端なフラット化が発生した。

こうなると、金利収入が必要な生命保険会社も国債投資が難しくなって、保険金の支払い原資を確保できなくなる。マイナス金利政策は銀行だけでなく、あらゆる金融機関の収益をむしばむリスクが出てきた。貸出先の乏しい地域金融機関にとっては死活問題で、黒田日銀への怨嗟の声が金融界から猛烈に湧き上がってくることになる。

日銀にとってもマイナス金利政策は調整不足が浮き彫りになっていた。例えばマネー・リザーブ・ファンド（ＭＲＦ）と呼ばれる金融商品だ。これは主に証券総合口座で証券取引の資金決済に使われる。ところが、運用を受託する信託銀行にマイナス金利が課されると、ＭＲＦが元本割れして決済インフラが機能不全に陥るリスクがあった。16年3月にはすぐさまＭＲＦに特例措置を講じたが、マイナス金利政策の反作用はいくつもあった。

黒田氏はマクロ経済政策である金融政策には並々ならぬ思い入れを持っていたが、銀行システムを管理するプルーデンス政策には「ほとんど関心がない」（当時の金融機構局関係者）と指摘されていた。ある幹部が「銀行以外の金融機関であるシャドーバンキングの金融システムリスク」を説明したところ、黒田氏は「シャドーバンクなんて誰も管理できないのだから、わざわざ日銀が手を出す必要はない」と一蹴したという。

黒田氏は金融機関からのマイナス金利批判に対して「金融政策は金融機関のためにやっているわけではない」と反論した。ところが、金融システムが弱ってしまうと貸し出しなどを通じた金融緩和効果は発現しなくなる。金融政策には、金利が下がることによる金利チャネルと、低金利のマネーが実際に流通するクレジット・チャネルがある。銀行システムの弱体化は、このクレジット・チャネルを弱めて緩和マネーが行き渡らなくなる懸念をもたらす。

この頃に私が会った企画局関係者は「ここまでマイナス金利政策が理解されないとは。さすがに度を超した日銀批判に困っている」と疲れ切った顔で話した。国会でも黒田総裁らを糾弾する質問が相次いでおり、経済面でも政治面でもマイナス金利政策は追い風にならなかった。金融緩和の余地を再びつくるためのマイナス金利政策だったが、その深掘りは早々に困難になった。黒田日銀としては、大きな挫折となった。

マイナス金利政策はなぜ機能しなかったのか

政策金利がゼロ％まで下がってしまうと、これ以上は金融緩和が難しくなる「ゼロ金利制約」

にぶち当たる。日銀は1999年にゼロ金利政策を開始して以降、20年にわたって緩和余地の乏しさに悩み続けてきた。2016年に開始したマイナス金利政策は、政策金利をゼロ%以下に下げるという画期的な策となるはずだった。黒田東彦総裁は「景気の下振れリスクが出てくれば躊《ちゅう》躇《ちょ》なく追加緩和に踏み切る」とマイナス金利の深掘りの可能性に繰り返し言及したが、結局それは実現しなかった。

マイナス金利はなぜうまく機能しなかったのか。理由は3つある。

一つはやはり「金利の限界」だ。政策金利をマイナスに下げることはできても市中金利の多くはマイナスにできない。

例えば、貸出金利を簡単にマイナスにすることはできない。欧州ではマイナスの住宅ローン金利まで発生したが、日本ではそこまで行き着かなかった。日本のメガバンクは全国津々浦々に店舗を構え、それなりの運営コストがかかる。預金にも一定の利子を払わなくてはならない。そのため、民間銀行は一定の利ざやを稼いで、運営コストをまかなう必要がある。企業や個人に融資する際の金利（平均貸出約定金利）はマイナス金利導入時に0・8%だったが、23年初頭時点でも0・7%とわずか0・1%分しか下がらなかった。マイナス金利政策による市中金利の押し下げ効果は限定的で、景気刺激という点で力を発揮できなかった。

もう一つは「副作用の大きさ」だ。貸出金利が下がらない中で銀行にマイナス金利が課されると、収益は当然悪化する。金融庁がマイナス金利政策の影響を試算したところ、3メガ銀行グループの17年3月期決算で少なくとも3000億円程度の減益要因になることがわかった。銀行収益が悪化すれば、企業や個人に融資しにくくなる。これは金融緩和が経済に行き渡らない金融引き締め作用があることを意味していた。金融庁は日銀に対して「同政策は副作用が大きすぎる」と懸念を直接伝えている。

もう一つは「世論の不人気」だろう。日本では預金金利をマイナスにする銀行は出てこなかったが、ドイツでは欧州中央銀行（ECB）のマイナス金利政策によって、21年時点で300銀行が預金金利をマイナスに下げている。預金が目減りするかのように受け止められるマイナス金利は、そもそも言葉の印象が良くなかった。日銀幹部は今でも「マイナス金利、という名前ではなく、ほかの命名ができれば本当はよかった」と話す。

マイナス金利政策が始まって2カ月強がたった16年4月14日、国内最大の銀行グループである三菱UFJフィナンシャル・グループの平野信行社長は、都内のホテルで講演の場に立っていた。同氏はそこで「マイナス金利政策は銀行界にとって短期的にネガティブ」と、公然と日銀を批判するようになる。

黒田氏はその頃、ニューヨークの米コロンビア大学で「金融市場はネガティブな反応を示したが、それはマイナス金利ではなく国際的な金融マーケットの混乱による」と説明していた。その上で「もし導入しなければマーケットはもっと悪くなっただろう」とも指摘。「必要なら、量的・

質的・マイナス金利の3次元でさらなる金融緩和をためらわない。ECB欧州中央銀行は金利のマイナス幅を0・4％に広げており、日本のマイナス0・1％はまだ余地がある」と追加緩和の可能性にまで言及してみせた。

しかし三菱UFJの平野氏はその発言と同じタイミングでマイナス金利政策について「リスクに戸惑っている。体力勝負の厳しい持久戦が長期化する。マイナス金利を個人や法人の顧客に転嫁しにくい。企業も個人も効果に懐疑的だ」と突き放した。黒田氏は銀行界からの批判にいらだちを隠さないようになり、5月に入って先述のように、「金融政策は金融機関のためにやっているわけではない」と主張するようになる。本来は一体であるべき金融界と日銀の隙間風は強まる一方だった。

「プライマリー・ディーラーの資格を返上したい」。三菱UFJ幹部が財務省側に申し入れたのは、平野氏の苦言から2カ月がたった16年6月3日だった。その2日前、安倍晋三首相が消費税増税の再延期を表明したばかりだった。国債市場は財政悪化懸念が浮かぶ実に微妙なタイミングにあった。

プライマリー・ディーラーとは「国債市場特別参加者」のことで、財務省による国債の入札に特別条件で参加できる資格だ。当時、3メガバンクのほか大手証券会社など22社が名を連ねていた。財務省と発行条件など国債市場を巡る意見交換の機会が得られる一方で、発行予定額の4％以上を応札する義務がある。マイナス金利政策によって6月初旬の10年物国債入札は最高落札利回りがマイナス0・092％と過去最低を更新。銀行ビジネスとしてとても成り立たなくなっていた。日本の金融機関が資格を返上するのは初めてで、マイナス金利政策に抵抗する実力行使と受け止められた。

しかし、事はそんな単純な感情論ではなく、マイナス金利となった長期国債を銀行会計上、簡単には保有できなくなっていたことがあった。

「今までと同じ会計処理で適切でしょうか？」。当時の日本経済新聞の取材によると、同年春に三菱ＵＦＪは公認会計士からこんな指摘を受けたという。銀行は2種類の勘定方法でバランスシートに保有国債を計上している。短期売買目的有価証券と満期保有有価証券の2区分だ。通常、銀行は多くの国債を満期保有有価証券として計上している。

もっとも、民間の大手銀行は、入札で得た国債をそのまま日銀に売り渡して利益を出していた。こうした取引を市場では「日銀トレード」と呼ぶ。三菱ＵＦＪもプライマリー・ディーラーとして落札義務を果たしつつ、日銀トレードで利益を出そうと考えていた。マイナス金利であろうと、日銀がさらに高値で引き取ってくれれば、民間銀行は利益を出すことが可能になる。

ところが、国債がマイナス金利になってしまうと、こうした国債を満期保有目的で会計上分類することが難しくなってしまう。マイナスの利回りのまま満期まで国債を保有し続ければ、銀行は損をしてしまう。であれば「短期売買目的」という分類に変えればよいが、そうすると決算上はその含み損益を計上しなくてはならなくなる。国債金利が上昇（債券価格は下落）すれば、保有国債の含み損を最終損益に計上しなければならず、自己資本比率の低下をもたらして経営がたんに苦しくなることを意味していた。

「プライマリー・ディーラーとしての落札義務をプラス利回りの銘柄に絞ってもらえませんか」。会計士とのやり取りを経た三菱ＵＦＪは、財務省理財局にこう訴えたという。ところが、色よい返事は得られなかった。「『落札義務を果たさなければ行政処分の対象になる』と財務省に言われ、三菱ＵＦＪとしてはプライマリー・ディーラーの維持は難しいと感じたようだ」（交渉関係者）

小山田隆頭取は6月10日の記者会見で「国債のマイナス金利が進む中で、プライマリー・ディーラーとして落札義務をすべて履行していくのはちょっと難しい」と話した。7月12日に三菱ＵＦＪは、正式にプライマリー・ディーラーの資格返上を発表した。

ただ、三菱ＵＦＪの当時の首脳は「あくまでビジネスの目線で下した判断だった。日銀や財務省を挑発するつもりはなく、これほどまでに大騒ぎになるとは想定外だった。今となってみれば、タイミングをきちんとみればよかった」と振り返る。同社首脳はのちに財務省高官に謝罪に出向いたという。

5　ヘリコプター・ベン

「金融政策は財政政策と連動しながら進めるべきだ。まだ手段はいろいろ存在する」。16年7月12日、首相官邸を訪れて安倍晋三首相にこうアドバイスしたのは、ベン・バーナンキ前米連邦準備理事会（ＦＲＢ）議長だった。

先述したように、リフレ派の理論的支柱はインフレ目標や長期国債の買い入れを提言してきたバーナンキ氏だ。このタイミングで同氏を首相と会わせたのも、本田悦朗内閣官房参与らリフレ派の面々だった。

安倍官邸は消費税増税を再延期し、それを争点に戦った7月10日の参院選で勝利を収めていた。大胆な金融緩和を主張してきたリフレ派は、政策の軸足を金融から財政に移そうと考えていた。日銀内でも岩田規久男副総裁が「2％のインフレ目標の実現が遅れているのは消費増税のせいだ」と主張し、黒田東彦総裁と溝が広がっていた。

金融政策と財政政策の連動とは何を指すのか。本田氏は同年4月にバーナンキ氏と会い、早期の訪日を要請していた。関係者によると、バーナンキ氏はその際に、永久無利子国債を発行して日銀が全額を引き受け、それを原資に財政出動して日本経済にマネーを大量注入する案を披露したという。返済不要の国債を政府が発行して、それを日銀がファイナンスするというやり方だ。ただ、このプランはバーナンキ氏の直接の助言ではなく、会談を受けて本田氏自らが考えた私案という見方もある。

「ヘリコプター・ベン」。バーナンキ氏はそんな異名を取る。もともとの語源は「ヘリコプターマネー」と言われる特殊な財政政策にあり、それをバーナンキ氏が提唱したことからそう呼ばれるようになった。

ヘリコプターマネーとは、ミルトン・フリードマンが著書で表現したことからその名が付けられた。要は中央銀行に国債を買わせて、それを原資に大規模な財政出動に打って出ることをいう。

「さて、ある日、1機のヘリコプターが飛んできて、これまで流通している貨幣量と等しいだけの現金を空から撒いたとしよう」

貨幣量が突然、2倍になれば、あっという間にインフレがくる、つまりデフレから脱却できる、という構図をフリードマンは例え話で示した。フリードマンに師事するバーナンキ氏がデフレ脱却策としてヘリコプターマネーを例示したことから、いつの間にか「ヘリマネ」はバーナンキ氏の代名詞となっていた。

安倍首相とリフレ派、バーナンキ氏の強固なトライアングルは、財務省と日銀に恐怖心を植え付けた。返済不要な国債を大量に出して日銀がすべて引き受けるとなれば、財政出動も金融緩和も際限がなくなるリスクがある。それだけに、ヘリコプターマネーは禁じ手の一つとされていた。永久無利子国債の引き受けが止まらなくなってどこかでインフレになれば、中央銀行は金融緩和の縮小に転じざるをえない。そうなれば、金利が上昇して政府の既存の国債の利払い負担は増大する。さらに追加の財政出動も難しくなる。その瞬間、財政拡張はストップして、経済は金融と財政の二重の収縮を余儀なくされる。景気は乱高下が避けられず「ヘリマネ」は持続可能でないと考えられていた。ヘリマネの実動部隊を担わされることになる財務省と日銀にとっては「死のロードとしかいいようのない恐怖」(当時の日銀関係者)だった。

安倍政権は「(ヘリマネ政策を)政府が検討している事実はない」(菅義偉官房長官)と火消しした。長期金利が上昇するなど市場に不穏な動きが広がったからだ。それでも安倍官邸は参院選後の8月2日には、事業規模28兆1000億円という「未来への投資を実現する経済対策」の発動を決める。対策の事業規模は過去3番目で、安倍政権下では最大となった。安倍氏は「未来を切り開くための投資に向けて力強いスタートを切る」と主張した。アベノミクスの第2弾は金融緩和から財政緩和へと移りつつあった。

同日夕、東京・内幸町の帝国ホテルに現れたのは、麻生太郎財務相と黒田東彦日銀総裁だった。事前に報道各社に会談の予定を知らせ、冒頭で写真撮影の時間までもうけるなど、財務相と日銀総裁の会談を対外的にアピールすることが目的だった。

麻生氏は会談終了後に記者団に対して、超長期の国債である40年債の増発を発表した。麻生氏は会談で「13年1月の政府・日銀共同声明の精神に則り、金融・財政政策、構造改革を総動員しアベノミクスを加速することを再確認した」と表明した。安倍官邸に浮かぶヘリマネ論をぎりぎりのところで受け入れたのが、政府・日銀の連携の確認と40年債の増発だった。このあたりから、日銀の体制は、安倍官邸に近いリフレ派勢力と、財務省との連携を重視する主流派とで明確に割れていくことになる。黒田氏はそのちょうど真ん中で股裂きの状態となっていった。

第3章

最長総裁、黒田氏の無念

2018～23年

1　キャピタルフライトの恐怖

32年ぶりの円安水準

「黒田さんはいつまで意地を張っているつもりなんだ」

２０２２年11月の夜。ある財務省高官は金融関係者が集まる会合で、居合わせた日銀関係者にこう詰め寄った。

黒田東彦日銀総裁は、かつて通貨政策を管理する財務官を3年半も務めた有力財務省ＯＢだ。出身母体の後輩官僚にとって、表だった批判はタブーであるはずだった。にもかかわらず痛烈な愚痴が飛び出したのは、財務省自体がそのとき追い込まれていたからだ。

22年10月21日、円ドル相場は1ドル＝１５１円90銭台と32年ぶりの円安水準をつけた。輸出を後押しして日本経済を潤すはずの円安は、逆に原油の輸入価格を引き上げる「悪い円安」となっていた。

ただでさえウクライナ危機で資源価格は高騰しており、円安がエネルギー価格をさらに押し上げる悪循環に陥っていた。レギュラーガソリンの価格は22年春には1㍑あたり１７４円台まで上

円相場は2022年に32年ぶりの安値圏となった

昇。クルマが手放せない地域経済で生活者の悲鳴が強まっていた。岸田文雄政権も統一教会問題などで支持率低迷に苦しんでおり、生活不安に直結する「悪い円安」の是正を急ぐ必要があった。市場と官邸からの圧力を、財務省は一手に引き受けていた。

神田真人財務官は9月22日に、24年ぶりの円買い・ドル売り介入に踏み切った。執務室から出てきた神田氏は「断固たる措置に踏み切った」とメディアに語った。為替介入という宝刀を抜いた高揚感がみてとれたものの、表情からは先行きの不安感もにじんでいた。その日、円買い介入としては過去最大となる2・8兆円が投じられた。同日の安値水準（145円90銭）から5円ほど円高方向に動かすことができた。

しかし、その効果は長続きせず、円相場は3週間後には介入前の水準に戻ってしまった。

10月21日は対外公表しない「覆面介入」に踏み切った。市場を疑心暗鬼にすることで、少ない元手で介入効果を高める狙いがある。介入開始10分で大量の取引が成立し、円相場は日をまたいだ22日午前0時15分には1ドル＝148円まで上昇した。午前1時すぎには同144円台となり、21日の午後9時台につけた151円94銭からは7円も円高が進んだ。通貨当局にあったのは、1ドル＝150円台の定着だけは何としても避けたいという思いだった。このときの介入規模は5・6兆円と前例のない大きさになった。

ところが、この強権的な為替介入も、市場では「単なる時間稼ぎにすぎない」と受け止められていた。「円安の大元には、日米金利差という構造要因がある」（財務省高官）からだ。どういうことか。

円とドルの水準はさまざまな要素で決まってくる。その一つが金利差だ。ドルの金利が高くて円は低ければ、投資家は利回りがあって得をするドルに投資する。低金利の円を借りて高金利のドルに投じるというマネーフローが発生して、円売り・ドル買いを呼ぶことになる。

円とドルの金利差は、黒田日銀の異次元緩和によってもたらされていた。日本は政策金利をマイナス0・1％という超低金利のまま据え置いている。一方で米連邦準備理事会（FRB）は40年ぶりのインフレに見舞われ、政策金利を半年でゼロから一気に3％台まで引き上げていた。高金利のドルに投資する流れが強まり、円預金を大量保有する日本の家計も積極的に円売り・ドル買いに動いていた。

個人が為替レートの変動を予測して外貨に投資するＦＸ（外国為替証拠金）取引。22年9月の円ドルの売買金額は、初めて１０００兆円を突破した。低金利の円を元手に高金利のドルに投じる円売り・ドル買いがその取引の中心だった。１日当たりの売買高は約60兆円と、銀行間取引（約55兆円）をも上回る量となった。数兆円程度の為替介入では、とても流れを変えることはできなかった。

その個人の円売りは、黒田氏の発言でさらに拍車がかかっていた。

9月22日に日銀は金融政策決定会合を開き、その後の記者会見で黒田氏は「当面、金利を引き上げることはない。必要があれば躊躇《ちゅうちょ》なく追加的な金融緩和措置を講じる」と断言した。米国や欧州では利上げが加速していたが、投資家は日銀だけは金融緩和を維持する不動の決意があるとみた。同日夕に円相場は急落し、24年ぶりの円買い介入につながっていく。

この頃会った財務省幹部は「このまま円安が進めば、日本はキャピタルフライト（海外への資本逃避）になりかねない」と危機感をあらわにしていた。キャピタルフライトとは、日本の円がどんどん安くなってしまうため、その前に外貨に換えて海外にマネーを移して自らの財産を守ろうという動きだ。財務当局は、キャピタルフライトの動きがある中国の事例をひそかに研究している。

日本の家計は２０００兆円もの資産を持つ。その半分の１０００兆円は、銀行などへの円預金だ。この円預金の一部がドルに替わってしまえばどうなるか。現預金が10％動くだけでも１００

兆円規模の円売りになる。経常黒字に換算すれば、過去5年平均（17～21年で平均18兆円程度）の5～6年分に相当する大きさだ。

それだけではない。銀行の円預金が減ってしまうと、銀行が運用している日本国債への流入資金も減ることになる。これは国債を管理する財務当局にとっては死活問題だった。黒田日銀の超低金利政策を動かしてでも、キャピタルフライトだけは決して起こしてはならない。過度な円安の阻止は、財務当局にとって最大の使命といってよかった。黒田氏へのいらだちは、そこから生まれていた。

これが最後のチャンス？

もっとも、黒田氏にとって円安は、自らが目指してきた「2％のインフレ目標の安定的な達成」を実現する最後のチャンスでもあった。

「2％の物価安定目標の達成は2年でできる」。黒田氏はそう言い切って日銀総裁に就き、大量の資金を供給するQQEに打って出た。背景にあるのは前述の「ルーズベルト的覚悟」だ。2％のインフレ目標を掲げてあらゆる手段を講じる、できなければさらに新たな手段を講じる、と世に示せば、企業や家計が「これからはデフレではなくインフレになる」と信じると考えたからだ。これは、主流派マクロ経済学による「合理的期待形成」という理論に根ざしている。近い将来、インフレになると誰もが信じるようになれば、いずれ金利は上がる。その前に低金利の状態で借り入れをして投資してしまうのが得策だ、と考えるようになって経済が回り出す、という大まかな想定があった。

ところが、長年の低インフレになれきった日本の企業や家計は「インフレになる」と簡単に先行きの予測を変えることはなかった。

日本経済は１９９８年から２０１２年まで15年近くにわたって、物価が緩やかに下落するデフレ状態にあった。それを日銀の「気合」だけで変えるのは難しい。先述のとおり、そもそも日銀が２％のインフレ目標を掲げていることを知っている生活者は全体の25％しかいない。経済学者には異論があるだろうが、マクロ経済理論の「合理的期待形成」を実体経済に当てはめるのは、そもそも無理がある。日銀は「物価は上がらない」という日本人に染みついた考え方や習慣を、ゼロインフレのノルム（社会通念）と呼んできた。

しかし、22年になって、このノルムが変わるチャンスが突然到来した。それまでは日銀の大規模緩和でも実際のインフレ率はほとんど動かなかったが、資源高と円安がそれを突き破ろうとしていた。原油価格はウクライナ危機による供給不安で、22年６月には１バレル１１４ドル台まで上昇し、１年で１・６倍になった。エネルギー価格の上昇は、日本のあらゆる物価高の要因となっていた。企業や家計にも「物価高が続くのでは」というインフレ予測が浮かんでいた。

22年４月の消費者物価指数（ＣＰＩ、生鮮食品除く）は前年同月比で上昇率が２・１％となり、黒田体制発足９年で初めて２％を超えた。前月の同年３月は０・８％にとどまっていたが、特殊要因がはげ落ちた途端、2％台に一気に急上昇した。日銀は22年1月時点で22年度のインフレ率を1・1％と予測していたものの、明らかに物価動向は上振れしていた。

円安による輸入物価の上昇も、日本の物価全体を押し上げる大きな材料となった。これは13年に黒田日銀がQQEを開始した際の円安トレンドの再来だった。黒田日銀にとって、いよいよ日本の金融緩和が物価を押し上げるチャンスが訪れたといってもいい。黒田氏は「円安は日本経済にプラス」と繰り返し言い続けた。資源価格の上昇は、黒田緩和の直接効果といえないまでも、長年のデフレ予測からインフレ期待へと企業や家計の心理を変えるチャンスとなっていた。金融緩和をいま縮小してしまえば「せっかくのインフレ期待の芽を摘んでしまうのではないかという意識が黒田氏にはあった」（日銀関係者）という。

金融緩和の修正を検討

ただ、黒田氏の思いとはまた別に、日銀は内部で異次元緩和の修正案を練る動きがあった。日銀関係者は「少なくとも22年春の時点で、雨宮正佳副総裁（当時）と内田真一理事（現副総裁）は緩和修正の議論を始めていた」と明かす。インフレ率が安定的に2％を超えるようになれば、いずれ、今の金融緩和を縮小していくことになる。一方で2％目標を達成できなくても10年に渡る長期緩和は多くの副作用を生んでおり、いずれ修正していかざるをえない。雨宮氏らにはそうした2つの思いがあった。

雨宮氏と内田氏は、黒田体制で緩和政策の設計を一手に担っていた2人だ。初期のアイデア発案の段階では、この2人以外はほとんど関与できないほど強固なコンビとなっていた。後に副総裁となる内田氏は「金融政策の設計能力では雨宮氏よりも上。大きな方向感を雨宮氏が決めて、制度設計は内田氏が担う役割分担だった」（日銀関係者）という。

日銀の中枢が緩和修正に傾いていたのは、インフレ率の上昇に加え、世界的な金利上昇圧力の高まりがあったからだ。

ＦＲＢは22年3月にゼロ金利を解除して利上げを再開しており、米国では長期金利が3月の1％台から10月には4％まで上がっていた。欧州でも欧州中央銀行（ＥＣＢ）が同年7月に利上げを再開。世界的に金利が上がってくれば、日本の債券市場にも当然、金利の上昇圧力がかかってくる。

日銀は16年から長期金利（10年物国債利回り）をゼロ％前後に抑える「イールドカーブ・コントロール（ＹＣＣ）」を敷いていた。長期金利を低く抑えるには、日銀が国債を大量に買い入れる必要がある。金利上昇トレンドが日本にも波及すれば、それを抑え込むための日銀の国債購入もさらに膨れ上がる可能性があった。これは日銀に「政策運営のコストを膨らませ、ＹＣＣが持続できなくなるリスク」（日銀関係者）をもたらすこととなった。

もう一つ、実は雨宮氏の頭の中には「自らの副総裁退任を前に、一定程度は金融政策を正常化しておきたい」という思いもあった。同氏は次期総裁の最有力候補とされていたが、同ポストを固辞するつもりでいた。

ＹＣＣは長期金利をピンポイントで無理やり抑えつけるような仕組みだった。そのため、金利カーブがゆがみ始めていた。例えば日銀が０・25％（当時）を上限目標としている10年債の金利だけが下がり、本来であれば10年債よりは低くなるはずの８年金利や９年金利が０・25％よりも高くなることがあった。債券市場は副作用が目立っており、雨宮氏はこうした政策を自身の任期中に是正しようと考えたのである。

雨宮氏らは財務省と頻繁に意見交換している。呼応するように財務省も22年に入って日銀の緩和修正に備えを始めていた。

雨宮氏らが緩和修正策として想定していたのは、長期金利を抑え込むＹＣＣの解除だった。そうなれば日本も長期金利が上昇して、政府債務の利払い負担が増す可能性があった。金利上昇をどれだけ緩やかにできるかが財務当局の勝負となるはずだった。

財務省は６月、そうした動きに備えるため、国債管理政策を司る理財局の局長に斎藤通雄氏を起用する人事を決めた。斎藤氏は理財局での経験が長く、98年から99年の金利急上昇を経験するなど国債政策の第一人者で、金融市場では「ミスターＪＧＢ（日本国債）」と呼ばれていた。

斎藤氏はこの頃、私の取材に対して「日銀のＹＣＣと、それによる国債管理政策への影響は考えておく必要がある」と率直に明かしている。「ＹＣＣが役目を終えれば、長期金利が市場で決まる世界に戻る。言い方を変えれば、長期金利が動く世界に戻るということだ。今は発行当局も市場参加者も動かない国債市場に慣れてしまっているところがある。相場が動く時代に備えて、日本の国債発行当局としてどういうツールを備えておくべきなのか、再点検をして整理をしておきたい」と話した。

ここで簡単にYCCの仕組みを説明しておこう。長短金利操作（YCC）とは短期金利をマイナス0・1％、長期金利もプラス0・5％（23年春時点）を上限に抑え込む金融政策手法だ。もともと中央銀行がコントロールできるのは、銀行間取引市場での短期金利だけだとされていた。長期金利を抑え込むには長期国債を大量に買い入れなければならず、リスクも大きいからだ。財政規律の緩みなどの副作用があるため、長期金利の操作は禁じ手に近い策とされていた。

日銀がYCCをスタートしたのは16年9月だ。13年4月からの量的・質的金融緩和（QQE）では、年50兆円の国債の積み増しを政策目標としていた。14年には目標値を年80兆円に大きく増やしてしまい、日銀の大量購入に早晩限界がくることははっきりしていた。

そのため、国債保有量ではなく長期金利を政策目標とするよう転換したのがYCCだった。長期金利が上がりすぎる局面がくれば、国債を買って金利を抑える。逆に長期金利が上昇しなければ日銀は国債を購入しなくて済む。これなら、金融緩和を続けても、国債購入の限界を気にする必要がなくなるとみていた。

雨宮正佳氏はあらゆる緩和手段を立案した名参謀役だった

編み出したのは、またもや当時副総裁だった雨宮正佳氏だった。雨宮氏は16年に、戦後の米国や英国の国債管理政策を調べ尽くした。米国では1942年から57年まで、FRBが長期金利の水準を2・5％と定めて国債を買い入れるYCCを実施していた。

中央銀行による長期金利のコントロールは、歴史的にみれば事例がないわけではない。1933年には、米大統領に就いたフランクリン・D・ルーズベルトに対して、経済学者のジョン・メイナード・ケインズがこんな書簡を送っている。「FRBが長期債を購入して短期債を売却するだけで、長期国債の金利は、2・5％かそれ以下に低下し、かつそれが債券市場に好ましい効果を及ぼすのであるから、私にはあなたがそれを行わない理由が分からない」。つまり、長期国債を積極的に買い入れて、長期金利を引き下げるべきだというアドバイスだ。

雨宮氏はこうした戦後の国債管理政策を参考にしながら、ＹＣＣの制度設計を進めていった。13年に始めた国債の大量購入に一区切りをつけ、一方で低金利政策は維持する。異次元緩和をバズーカから持久戦に持ち込んだのが、ＹＣＣだった。

ＹＣＣ解除にはだまし討ちが一番か

とはいえ、先述のように22年になるとＹＣＣも持続できなくなっていた。世界金利の上昇によって日本国債市場にも金利上昇圧力がかかり、日銀が再び国債を大量購入しなくてはならなくなったからだ。国債の買い入れ量は22年に１１１兆円へと増大し、前年の１・５倍規模となった。量に限界がある国債をいつまでも大量に購入し続けることはできず、黒田体制の緩和政策は再び見直しが求められるようになっていた。

ある財務省の幹部は「日銀とはもちろん意見交換している。ＹＣＣをどう解除していくか。日銀も金利急騰のような市場の混乱を招かないやり方を考えていますよ」と私に明かしていた。私がその手法を問うと、財務省幹部は「それは一気にＹＣＣを撤廃することですね。段階的に金利の上限を引き上げていく手法では、いつまでも投機筋の攻撃が続くことになる。つまり、市場を『だまし討ち』するということですよ。同時に国債の買い入れも一定程度は維持しなくてはなりません。その二つが不可欠なのではないですか」と話した。

だまし討ちとはどういうことか。ＹＣＣを解除する際は、事前に市場に織り込ませない形で実行するしかないということだ。

ＹＣＣ解除の最大の問題は、国債の空売りで儲けようとする投機筋の存在だった。ＹＣＣを解除すれば、長期金利は間違いなく上昇する。金利の上昇は債券価格の下落と同じことで、投機筋は金利上昇に賭けて国債を空売りすることができる。

国債の空売りとは、日本国債を借り入れてそれを売って、金利が上昇（債券価格は下落）した後に改めて国債を買い戻して返却することだ。この時点で国債の値段は借りたときよりも安くなっているため、その価格差が投機筋の利益になる。金利が確実に上昇するなら、利益も確実に出る仕組みだった。

投機筋はもっぱら米欧海外勢だった。日銀が「近くＹＣＣを解除します」と織り込ませてしまえば、単純に海外投機筋を儲けさせるだけになってしまう。国債金利もＹＣＣ解除前に急上昇して、それこそ市場の混乱を招きかねなかった。日銀がそれを防ぐには「ＹＣＣは解除しない」と言い続けるしかなく、結果としてＹＣＣを突如解除することになって、市場に対しては「だまし討ち」となる。

「金融緩和策をしっかり継続させないと、日本経済を悪化させかねない。円安が進んでいるからといって（是正に）金融政策を使うことは間違っている」

ところが、日銀・財務省内にあった金融緩和の縮小論にいち早く待ったをかけた人物がいた。元首相の安倍晋三氏である。22年4月28日、日銀が大規模緩和の維持を決めたその日に、同氏は安倍派の会合でそう言って緩和縮小論を強くいさめた。同年夏には参院選が控えていた。21年10月に発足した岸田政権は、アベノミクスに思い入れがあるわけではない。政界は微妙な権力バランスで成り立っていた。

黒田氏も呼応するように、同日の記者会見で「（金融緩和の縮小があるという）臆測を払拭して、不安定性を減らす。粘り強く金融緩和を続ける」と強調した。先述したように、黒田氏にとって足元の物価高は、日本に根付いたデフレ心理を変えるラストチャンスと映っていた。早期の緩和縮小論に日銀内でもっとも強硬に反対していたのは、黒田氏だったという。

日銀はインフレ率がこのまま2％台で定着するか見通せていなかった。エネルギー価格が下がってしまえば、23年以降はまたインフレ率は1％前後に低下することが予想できた。下手に早めに緩和縮小に動いてしまうと、その金融政策の変更がインフレ鈍化を引き起こしたと批判されかねなかった。

実際、日銀には大きなトラウマがある。00年に日銀はゼロ金利政策を解除したが、その後に米国のITバブルが崩壊して日本のインフレ率もマイナス圏に転落してしまった。物価鈍化の要因は日銀政策と言いがたいものの、それでも拙速な利上げはその後の激しい「日銀批判」の一因となった。06年に量的緩和を解除した際も、消費者物価指数の基準改定でインフレ率がマイナスになり、日銀は「早すぎる緩和解除」と批判された。その日銀批判の先頭にずっと立っていたのが、なお政界で大きな影響力を持つ安倍氏だった。

黒田氏失言の実態

22年6月6日、東京・千代田のホテル・ニューオータニはいつになく多くの人でにぎわっていた。黒田東彦日銀総裁が通信社主催の講演会に参加することになっていた。ノーネクタイで少し肩の力を抜いた黒田氏は、演台でゆっくりと話し始めた。

「最近は企業、家計ともに、物価観やインフレ予想に変化がみられ始めています。企業の物価観について3月短観をみますと、3~6カ月程度先の価格設定スタンスを示すとされる販売価格判断DIは、製造業では1980年初の第2次オイルショック期以来、非製造業でも1990年初のバブル末期以来の水準まで上昇しています」

黒田氏はもともとアドリブでの発言を好まない。出身母体の財務省は現場の意見を積み上げるボトムアップの文化だ。黒田氏も記者会見や講演では、常に企画ラインが書き上げたペーパーに目を落としながら、一字一句丁寧に読み上げることを旨としていた。その日も同じように、ペーパーに沿って間違いのないよう話をしようと心がけていた。

「企業の価格設定スタンスが積極化している中で、日本の家計の値上げ許容度も高まってきているのは、持続的な物価上昇の実現を目指す観点からは、重要な変化と捉えることができます」。この「値上げ許容度」という言葉遣いがのちのち大騒動になろうとは、そのとき黒田氏はまったく想像もしていなかった。

夕方になって黒田氏の「家計が値上げを受け入れている」という発言が報じられると、ツイッター上には「値上げ受け入れてません」というハッシュタグが現れて一気に炎上した。日銀にもメールなどで黒田発言への抗議が殺到した。

家計はインフレに敏感だ。賃金が上がらなければ、生活苦に直結するからだ。22年に入って食用油や小麦粉などの値上げが目立つようになっていた。同年春になるとカップ麺などインスタント食品の価格が軒並み上がるようになった。帝国データバンクの調査では、22年1月から6月末までに値上げした商品は6451品目に達し、年内だけで2万品目を超えると予想されていた。低価格商品の代表格であったユニクロも秋冬物の値上げを発表。黒田氏の発言があった直前の22年5月の実質賃金は、前年同月比で1・8%も減少していた。実質賃金とは、給与の伸びからインフレ率を差し引いた数値だ。実質賃金のマイナスとは、給料の伸び以上のインフレによって、家計が生活余力を失ったことを意味していた。そうしたマグマの大きさに日銀は気づいていなかった。

黒田氏はすぐさま謝罪し、発言そのものを全面的に撤回した。13日の参院予算委員会でも野党の質問に対し「家計が苦渋の選択としてやむを得ず（値上げを）受け入れているということは十分認識している。家計の値上げ許容度が高まっているという表現は適切ではなかった」と釈明に追われた。

「値上げ許容度」という言葉は、黒田氏がアドリブで口を滑らせてしまったわけでは全くなかった。失言の中身は、日銀の企画ラインが何重のチェックを済ませて事前に書き上げたものだったからだ。そういう意味では失言の主は日銀企画局だった。

黒田氏の講演内容も必ずしも間違ったものではなかった。黒田氏は「値上げ許容」発言の後にこう続けている。

「東京大学の渡辺努教授は、興味深いサーベイを実施されています。『馴染みの店で馴染みの商品の値段が10％上がったときにどうするか』という問いに対する家計の回答について、4月に実施した調査では日本の回答結果に変化がみられています。値上げに対し、『他店に移る』との回答が大きく減少し、『値上げを受け容れ、その店でそのまま買う』との回答が、欧米のように半数以上を占めるようになっているのです。日本の家計が値上げを受け容れている間に、良好なマクロ経済環境を出来るだけ維持し、これを来年度以降のベースアップを含めた賃金の本格上昇にいかに繋げていけるかが、当面のポイントであると考えています」

講演の主眼は、家計には新型コロナウイルス禍で使い道がないまま積み上がった貯蓄があり、その余力が値上げへの耐性を高めているという仮説を紹介することにあった。こうした傾向が確かであれば「値上げが先行しても消費全体は縮小せず、企業も売上高を維持できて賃上げに踏み切る環境がようやく整う」というシナリオが描けた。物価と賃金の好循環による金融緩和の成功シナリオだった。日銀企画局は先述のように、インフレ圧力の高まりにあわせて、金融緩和の縮小を選択肢に入れるようになっていた。その本音がにじみ出たのが「値上げ許容」の講演内容だった。

22年7月8日、奈良で選挙遊説中だった安倍晋三元首相が凶弾に倒れたという一報は、すぐさま日銀にもたらされた。

黒田氏の圧倒的な強みは、安倍晋三元首相の後押しによる政治力の強さにあった。

「中央銀行の主たる使命が物価安定であるとすれば、日本銀行はその使命を果たしてこなかったことになります。世界中で15年もデフレが続いている国は一つもありません」。黒田氏は総裁就任初日の13年3月21日、日銀本店9階の大会議室に集まった日銀職員にこう説諭した。居合わせた日銀高官は「場が凍り付くのを感じた」という。その挑戦的ともいえる訓示は、日銀のレジームチェンジ（体制転換）を強く求める安倍政権（当時）の全面的な支援があったからこそできたものだった。

黒田氏は18年4月に続投が決まり、異例の2期目に突入していた。その人事を裁断したのも安倍氏だった。1期目のスタート当初こそ「量的・質的金融緩和」で安倍官邸と黒田日銀は一枚岩となって突き進んでいたが、消費増税など財政政策を巡って微妙な溝が生まれていた。なかでも本田悦朗内閣官房参与らリフレ派の一団は、2％インフレが実現できない理由を「14年の消費税増税によって内需が失速したからだ」と断じていた。財政規律を重んじる黒田氏との思想の違いは鮮明で、アベノミクスの振り付け役である中原伸之元審議委員（元東燃社長）は黒田氏に代えて本田氏を総裁に担ぎ出そうとする動きまでみせていた。

こうしたリフレ派の「黒田下ろし」を止めたのが安倍氏だった。安倍氏は早々に黒田氏の続投を求め、17年夏にはその了承を取り付けていた。最高権力者による絶対的な信認が、黒田氏の強気な姿勢を後押ししていた。

黒田氏は安倍氏が死亡した22年7月8日夜に「長期間続いたデフレからの脱却と持続的な経済成長の実現に向けて、多大な成果を残された」との短いコメントを出した。「強力なリーダーシップにより、わが国経済の発展に尽くされたことに心より敬意を表する。誠に残念でならない」とも明かした。関係者によると、この頃から黒田氏はそれまでの快活さを少しずつ失い、疲労感をにじませるようになったという。

黒田氏は「当面、金利を引き上げることはない。必要があれば躊躇《ちゅうちょ》なく追加的な金融緩和措置を講じる」と緩和維持の方針を変わらず強調していた。それでも、黒田氏がよりどころとしていた圧倒的な政治資本は、この頃からはっきりと減退していく。

2　だまし討ちは突然訪れた

円安はもはやメリットではない

「円安でメリットを感じている人がいるのか。製造業でもほとんどいないと思う。むしろデメリットだ。日本経済は本当にひどい状況で、普通の人の生活は悪くなっている」

22年10月、こう言い放ったのは「ユニクロ」などを展開するファーストリテイリングの柳井正・会長兼社長だった。同日公表した22年8月期決算の純利益は2期連続で過去最高となった。それでも柳井氏は円安に強い懸念を表明して「円安で原料高なので無理です」と値上げも仕方ないとの考えを強調した。

円安が輸出に追い風となるはずの自動車産業も、かつてと情勢が変化していた。トヨタ自動車も22年9月、豊田章男社長（当時）が「資材や部品の輸入が増えており、輸入価格やエネルギー価格の高騰によるデメリットが拡大しているのが現実だ」と吐露した。

トヨタは対ドルで1円円安が進むだけで年間の営業利益が450億円押し上げられるとされる。それでも資源高とエネルギー価格の増大によって、通期で1兆7000億円の減益要因が発生するという。豊田社長は「円安による収益に与えるメリットは、以前に比べて大変減少している。サプライヤー（部品メーカー）はもっと影響を受けているのではないか。為替はできる限り安定推移をお願いしたい」と述べた。

実際、日本経済全体をみても、円安による輸出の増加効果は、あまりみられなかった。22年は記録的な円安だったにもかかわらず、輸出数量指数は前年から1・9％減った。同指数は、輸出量を金額ではなく数量で分析した指標だ。なぜ円安なのに輸出が増えないのか。経済産業省の高官に問うと「サプライチェーンは海外に出て行ってしまった。円安だからといって、すぐに増産できるような生産能力がもはや日本にはない」という。

生産能力指数という指標がある。日本の製造業が全体で国内にどれくらいの生産能力を持っているか時系列で指数にしたものだ。

黒田体制がスタートした13年、同指数は101・7だったが、22年には95・5まで低下している。日本の製造業は9年間で6％も生産能力が落ちてしまったことを示している。中でも「電気・情報通信機械」は101・3から89・6と12％も低下している。円安環境にもかかわらず、日本の生産拠点が国内から海外へと移っていったことを示している。

日銀が白川体制だった08～13年、日本経済は円高に大いに苦しんだが、この間の生産能力指数の低下は4％にとどまる。13年以降の金融緩和で円相場は円安に大きく転換したものの、それでも必ずしも日本製造業の海外流出に歯止めをかけられたわけではなかった。むしろ指数だけみれば、製造拠点の海外移転は加速している。

日本企業は消費地での生産を進めている。アジアのような有望な消費市場に生産拠点を直接置いて、現地で生産して販売してしまう仕組みだ。円安だからといって日本に生産拠点を戻すような動きは、13年以降の黒田緩和によってもつくりだすことはできなかった。財務官時代から「円安は日本経済にとってプラス」と言い続けてきた黒田東彦氏にとって、それは大きな誤算となった。

突然の緩和修正

「日本銀行は、本日の政策委員会・金融政策決定会合において、緩和的な金融環境を維持しつつ、市場機能の改善を図り、より円滑にイールドカーブ全体の形成を促していくため、長短金利操作の運用を一部見直すことを決定した」

22年12月20日の正午前、そんな発表文を日銀が静かに配信すると、金融市場は騒然となった。ランチタイムの大阪取引所では日経平均先物23年3月物が急落。一時2万6０５０円と東京市場の現物の午前終値（2万７３１５円）と比べて１０００円超の下げ幅となった。

日銀の発表文には「長期金利の変動幅を、従来の『プラス・マイナス０・25％程度』から『プラス・マイナス０・５％程度』に拡大する」と盛り込まれていた。

金利は上昇局面にあり、長期金利はマイナス０・５％になどなりえない。意味するところは長期金利の上限目標を0・25％から0・5％に引き上げるということだった。日本経済新聞は電子版速報で「日銀が緩和縮小、長期金利の上限0・5％に　事実上の利上げ」と配信した。

市場参加者の多くが日銀の緩和縮小を予期していなかった。黒田総裁は10月末の決定会合後の記者会見で「金融緩和の縮小とか金利を引き上げるとか、そういったことは全く考えていません」と断言していた。投資家は慌てふためいた。

金利が上がるということは、債券価格は下がるという意味だ。そのため日銀の決定会合前に「近く日銀が長期金利目標を引き上げる」と分かってしまえば、投資家は損失を出さないようにこぞって国債を売り浴びせることになる。日銀がサプライズでだまし討ちのように緩和修正に打って出たのは、この直前の国債売却ラッシュを避けるためだった。財務当局も日銀執行部も「だまし討ちとの批判はやむを得ない」と割り切っていた。ＹＣＣという制度の宿命でもあった。日経平均株価は同日、前日比で669円下げて終わった。

「本日の決定会合では、長短金利操作、いわゆるイールドカーブ・コントロールの運用について一部見直すことを決定しました。本年春先以降、海外の金融資本市場のボラティリティが高まっており、わが国の市場もその影響を強く受けています。債券市場では、各年限間の金利の相対関係や現物と先物の裁定などの面で、市場機能が低下しています。国債金利は、社債や貸出等の金利の基準となるものですので、こうした状態が続けば、企業の起債など金融環境に悪影響を及ぼす恐れがあります。本日の決定は、こうした情勢を踏まえたものです」

同日15時30分から始まった記者会見で、黒田総裁はこう話し始めた。

債券市場の機能低下は事実だった。日銀はそれまで10年債利回りをターゲットとして、金利を抑え込んでいた。債券の残存期間を左から右に0年→2年→5年→10年→20年と並べていくと、この金利曲線は本来なら右肩上がりになる。それがYCCによる強制的な金利抑え込みで、コントロールの対象となる10年金利だけがへこんでしまい、対象外である残存7～9年の国債利回りは10年債よりも高い状態となっていた。

10年債利回りは「長期金利」とそのまま称される代表的な指標金利だ。この一点の水準が歪んでしまうと、社債や地方債にまで影響してしまい、企業や金融機関は10年社債の発行ができなくなる異常事態となっていた。これが黒田氏の言う「企業の起債などへの悪影響」だった。

「イールドカーブの歪みを是正することによって、緩和効果がよりスムーズに企業金融を通じて経済全体に波及するということを考えて行ったわけであります。これはあくまでもイールドカーブ・コントロールがより良く安定的に機能するようにしたわけでありまして、金利引き上げとか金融引き締めとか、あるいはYCCの見直しとか、そういうことではなくて、YCCがより良く機能するように改善を図ったということであります」

黒田氏はこう続けた。要は「事実上の利上げ」や「金融緩和の縮小」ではなく、緩和効果を高めるために金利カーブの歪みを解消する改善策にすぎないというロジックだった。

この同氏の発言はもちろん嘘ではない。しかし、日銀全体でいえば「二枚舌」だった。企画ラインのトップである雨宮正佳副総裁は、もともとYCCを撤廃してしまおうと考えていたからだ。日銀はYCCを維持すると長く言い続けてきたが、FRBやECBの利上げ再開で世界の投資家は「日銀も早晩、緩和縮小に動く」とにらんでいた。実際に米欧の投機筋は国債の空売りで攻撃をかけており、この攻撃をなくすには人為的に金利を抑え込むYCCを撤廃するしかなかった。財務当局も長期金利の上限を0・25%から0・5%に引き上げるYCCの修正ではなく、市場機能に委ねるYCCの撤廃がベストだとみていた。同時に日銀が一定程度の国債の買い入れを約束すれば、金利の急騰も避けられるとにらんでいた。

ところが、このYCC撤廃案は「黒田氏がオーケーと言わなかった」(日銀関係者)。インフレ率は目標の2%を超える水準まで高まっており、23年の春闘で賃上げが進めば、日銀を苦しめてきた「ゼロインフレのノルム(社会通念)」が変わる可能性がある。黒田氏は早期の緩和縮小で、その芽を摘んでしまいたくはなかったのだとみられる。

日銀にはアベノミクスを演出したリフレ派も残っていた。早大教授から転じた若田部昌澄副総裁である。若田部氏は岩田規久男前副総裁と親しく、安倍晋三元首相に近かった本田悦朗元内閣官房参与の推薦で日銀入りした。ここで若田部氏が緩和縮小に従えば、安倍氏という支柱を失っていたリフレ派は空中分解しかねなかった。

一方で、官邸からは「物価高につながる円安をなんとかしてほしい」という声が届いていた。財務省が資本逃避(キャピタルフライト)のリスクを恐れていたことは前述した。岸田官邸にとっては23年春の地方選前に、過度なインフレをなんとか抑えたかった。妥協の策として、ＹＣＣ撤廃は見送る一方で10年金利の上限目標を０・25％から０・５％に引き上げることになった。緩和縮小やＹＣＣの見直しではなく「緩和効果をよりスムーズにするための改善」という建て付けにすることで、黒田氏と若田部氏の了解も得た。財務省幹部は「リフレ派がまだ残る中で、日銀執行部はぎりぎりよくＹＣＣの修正を実現した。さすが雨宮さんだよ」と語った。

最後の懸念材料は黒田氏のこれまでの発言との整合性だった。記者会見でも黒田氏は直前までＹＣＣの見直しに否定的だったと指摘されたが、同氏は「市場関係者の人が考えていた、期待していたことと違うのが出てきたので、何か非常に裏切られたような気持ちがあるとかなんとかそういうようなことを言う方がおられますけれども、われわれはあくまでも金融資本市場の動向を踏まえて経済・物価をどのように安定させて、物価安定の目標をできるだけ早期に実現するかということで金融政策をやっています。金融資本市場の動向とか経済・物価の動向が変われば、それに応じたことをやるというのは当然です」と堂々と答えた。

市場参加者からは日銀の突然の緩和修正に「だまされた」との声もあがった。しかし、海外のヘッジファンドの中には、日銀のＹＣＣ修正に賭けて国債の空売りを仕掛けていた勢力がいた。こうした米欧投機筋は日銀の緩和修正で一儲けしている。

英ブルーベイ・アセット・マネジメントのマーク・ダウディング最高投資責任者（ＣＩＯ）は

日本経済新聞の取材にこう勝利宣言した。

「私たちが予想していた通りだった。円安で輸入物価が上がっているほか、新型コロナウイルス禍から抜け出し経済を正常化しようとしている。物価上昇圧力はさらに高まる可能性があり、金融緩和を続けることは難しい。今回のYCCの修正は金融緩和の終了に向けた第一歩となる。今回の政策修正で明らかになったのは、YCCの撤廃や変更は市場への事前予告が難しいという点だ。日銀は黒田総裁が退任する直前の来年3月に、長期金利の上限を0・75%に引き上げるか、YCC自体を撤廃すると予想する。国債の売り持ちは今後も続ける」

悲喜こもごもの突然の緩和修正劇となった。その20日、決定会合を終えた黒田東彦総裁は、岸田文雄首相に電話を入れて政策の変更内容の詳細を伝えている。日銀関係者は「YCC修正は黒田氏の置き土産。この手直しによって、次期体制がスムーズに始動できるようになった」と話した。

3 カール・ポパーの思想

黒田体制での10年間の金融緩和はどういう効果があり、どういう限界があったのか。

13年4月の「量的・質的金融緩和（ＱＱＥ）」に大きく反応したのは金融市場だった。円相場をみると、黒田氏の就任前の1ドル＝76円台から、13年末には１０５円台まで下落している。「六重苦」の筆頭とされた過度な円高が修正され、円相場は現在（23年5月）でも１ドル＝１３０円台で推移している。

円安に呼応して株価も上昇した。日銀による上場投資信託（ＥＴＦ）の買い入れも株高を演出し、黒田氏就任時に１万２０００円台だった日経平均株価は一時、30年ぶりとなる３万円台に到達した。

円高修正で企業も潤った。法人企業統計によると、日本に本社を置く企業（金融を除く）の経常利益は21年度に83兆９２４６億円と、12年度比で73％増えた。緩和マネーは不動産業界にも流れ込み、不動産価格指数（マンション）は10年間でほぼ2倍に上昇した。

日銀の異次元緩和を柱としたアベノミクスは、大企業や富裕層から中小企業や家計に恩恵が広がるトリクルダウンを想定していた。円安で外需を取り込み、構造改革で生産性を高めた企業が賃金を引き上げて物価上昇につなげていく算段だった。しかし、金融緩和で潤った企業は人への投資を控え、恩恵が日本経済全体に行き渡ったとは言い難い。

毎月勤労統計調査によると、22年平均の名目賃金は12年平均と比べ、３・５％の伸びにとどまった。一方、原材料高に起因するインフレで、消費者物価指数の伸び率は足元で前年比３・３％に達しており、物価の変動を考慮した実質賃金はマイナスに沈む。

日銀が金融緩和で金利を低く抑えつづけた結果、生産性向上に対する動機づけは薄れた。日本の潜在成長率は黒田総裁就任前の0・9％から0・27％に下がった。豊かさを示す1人当たり国内総生産（GDP）も停滞が続き、イタリアに抜かれ主要7カ国（G7）で最下位に転落した。

誤算は黒田氏が当初、2年間で達成すると宣言した2％の物価上昇率を実現できなかったことだ。異次元緩和が短期決戦から持久戦になった結果、残った負の遺産も少なくない。市場に反して金利を強制的に抑え込んだことで、国の財政規律は緩んだ。新型コロナウイルス禍での巨額の財政支出も相まって、国債発行残高は黒田氏の就任当初の650兆円から1029兆円に膨れ上がった。

日銀のバランスシートも膨張の一途をたどった。黒田体制の10年間で日銀が市場から買い上げた国債は963兆円に達する。購入した国債は一部償還されたものの、保有する長期国債は3月20日時点で575兆円となり、異次元緩和前と比べ約6倍、全体に占める日銀の保有率は54％に達する。発行済み国債の過半を日銀が持つ異常な事態になっている。

黒田氏への日銀内の評価は「信念の人、言い方を変えれば頑固」という声が多い。しかし、黒田氏は実は柔軟に政策を修正してきた。実際にQQEが「バズーカ」と評されて前のめりに機能したのは13年から16年までのわずか3年間にすぎない。その後はサプライズによる緩和策の発動は取りやめ、イールドカーブ・コントロール（YCC）で息の長い金融緩和に路線を切り替えた。

退任間際にはそのＹＣＣも上限目標を引き上げて事実上の利上げに踏み切っている。総合的に判断すれば、黒田氏は「信念の人だが、柔軟な人」が正しいのではないだろうか。

黒田氏はオーストリア出身の英国哲学者、カール・ポパーの熱烈な信奉者だ。１９７４年に出版された『現代思想6　批判的合理主義』（ダイヤモンド社）は、ポパーの2つの論文「科学―推測と論駁」「弁証法とは何か」を取り上げているが、その訳者は若き日の黒田氏だ。

当時、黒田氏は既に大蔵省に入省して国際金融局に勤務していたが、東大時代の恩師である法哲学者、碧海純一・東大教授（当時）とともにポパーら思想家の翻訳に挑んだ。黒田氏は東京教育大付属駒場高校（現筑波大付属駒場高校）の在学中に、図書館にあるすべての本を読破したという伝説があるほど、読書好きで知られる。

黒田氏が心酔するポパーは「反証主義」で知られる。反証主義とは、正しいことを科学的に突き詰めていく「実証主義」と異なり、とりあえず間違いがみつからないならそれは科学的にオーケーだという立場をとる。後々になって間違いがみつかれば、科学的仮説を上書きすればいいという考え方だ。ポパーの反証主義は、マルクス主義の歴史理論を疑似科学と批判する刺激的な思想で、黒田氏は後に翻訳する『推測と反駁』を東大在学中に原著で読んだという。

黒田氏はポパーについて、13年11月の朝日新聞のコラムで「長年政策の現場で、分析したり、予測したりしていると、現実と理論があわないことがよくあります。理論を絶対不可侵とするのではなく、模索しながら前に進めていくフレキシビリティー（柔軟性）の重要さを反証主義は教えてくれます」と表現している。信念の人であった黒田氏の10年間も、つぶさに見ていけば政策修正の歴史だったといえる。

第4章

「アクシデントの総裁」白川氏

2008～13年

1 リーマン・ショック

白川方明氏の2つの信念

「まさか、リーマンを潰すとは。我々にも想定外だよ」

2008年9月15日、私がある日銀関係者に連絡をすると、困惑したような回答が返ってきた。「あす、あさってで緊急利下げとかありますか?」。私が思わず問うと「そんな急には動けない。日銀は政策金利が0・5%しか残されていない。まずは日本への余波の大きさを見極めないと」と彼は答えた。

9月15日、米国の大手証券会社であるリーマン・ブラザーズが連邦破産法11条(チャプター11)の適用を申請して経営破綻した。当時、多くの金融機関の経営がサブプライム住宅ローン問題で悪化していた。ただ、リーマンは総資産60兆円と巨大で「大きすぎて潰せない金融機関」とみなされていた。その巨大金融機関の予想外の経営破綻は、金融市場を底なしの危機に陥れる懸念があった。

日銀は9月16~17日に定例の金融政策決定会合を予定していた。15日は3連休の最終日で、日銀取材を担当していた私は、休日返上でリーマン破綻の対応策を取材することとなった。米リーマンは日本法人のリーマン・ブラザーズ証券を持っており、その日本法人は１２００人の従業員がいる日本国債市場のキープレーヤーの一つだった。連休明けの16日は日本市場も大混乱に陥るリスクがあった。

日銀総裁には08年４月から白川方明元理事が就いていた。後述するが白川氏はもともと副総裁候補だったものの、総裁候補だった武藤敏郎・日銀副総裁（元財務次官）の昇格人事案が否決され、異例の顛末で総裁となった。人事を巡る混乱とその後のリーマン・ショックは、白川日銀のその後の５年間の混迷を予感させる材料となった。

白川氏は序章で説明したように、日本を代表する経済学者である小宮隆太郎氏の教え子であり、72年に東大経済学部を卒業して日銀に入行した。総裁就任前に『現代の金融政策～理論と実際』という４００ページを超える大著を出版し、当時は「趣味は金融政策」などと言われることもあった。日銀内外で交渉力に長けた福井俊彦前総裁に比べ、白川氏は総裁就任時に58歳とまだ若く、記者会見などでの落ち着いた物言いから、なにかと「学究肌」とみられることが多かった。

もっとも、私からみると、白川氏は単なる理論派ではなく、日銀内での経験の積み重ねによっていくつかの確固たる信念を築き上げていた人物のようにみえた。

一つは、銀行システムの安全を守る「マクロプルーデンス」が中央銀行の最大の仕事、という考えである。白川氏は日銀入行から18年がたった１９９０年に、その年に新設された信用機構課の初代課長を務めている。

当時の三重野康総裁は白川氏らに、バブル崩壊によって想定される金融機関の破綻処理策を練り上げるようひそかに申し渡したという。白川氏は93年5月に「大手銀行の不良債権は最大50兆円あり、15兆円の損失が発生する可能性がある」とするペーパーをまとめている。銀行への公的資金注入や受け皿金融機関の設立といった破綻処理策を取りまとめて当時の大蔵省に提示。ところがそれは大蔵省内で放置され、白川氏はその後のバブル崩壊を目の当たりにすることになった。金融システムの崩壊がもたらす経済への悪影響の大きさを思い知っており、このときの経験がバブル経済を招く過大な金融緩和を諫める考え方につながっていく。

もう一つ、白川氏の信念を形作ったのは2000年前後に始まるゼロ金利政策時代の経験だろう。同氏は00年6月に企画室審議役（現在の企画局長）となり、金融政策の設計役を担うようになる。その後の理事時代も含めて6年間、金融政策の中枢に居続けるが、そこで経験したのはゼロ金利政策と量的緩和政策の難しさだ。

白川氏は大量のマネーの供給が金融システムの安定には役立つとみていたが、金利政策ほど景気に効果があるとはみていなかった。実際、01年から06年の量的緩和によって日本経済がデフレから脱却できたわけではなかった。小宮隆太郎氏は量的緩和を「微益微害」と評したが、白川氏は長期的には微害が大きな害に発展するリスクもあるとみていた。こうした実務的な経験が、総裁として量的緩和のような非伝統的な金融政策に慎重な姿勢を形作っていくことになる。

「ドルの流動性が枯渇した」

「リーマン・ブラザーズの件だが、救済の受け皿となる金融機関がみつからない」。08年9月12日、米財務長官のヘンリー・ポールソン氏がG7（主要7カ国）の電話会議でそう吐露すると、各国当局首脳はじっと押し黙るしかなかった。ポールソン氏はゴールドマン・サックス最高経営責任者（CEO）からブッシュ米政権入りしており、戦後最悪と言える金融危機の収拾策に追われていた。

米国では同年3月、米連邦準備理事会（FRB）の資金支援を受けたJPモルガン・チェースが、米投資銀行5位のベア・スターンズを救済合併している。白川氏ら日欧当局者は誰もが同じスキームでリーマンも救済するものとみていたが、同年11月に大統領選挙を控える米国では風向きが大きく変わっていた。

ポールソン氏には、ブッシュ大統領がボルテン首席補佐官を通じて「連邦政府の資金を使わない形でリーマンを段階的に解体する」よう伝えていたという。大統領選は民主党のバラク・オバマ氏が優勢で、共和党政権としては世論に極めて不人気な公的資金注入策を断念せざるをえなくなっていた。

英バークレイズがリーマンの救済買収に名乗りを上げていたものの、米当局から公的資金がつかないとわかった段階で支援は難しくなった。リーマンは米東部時間15日未明1時45分にチャプター11の適用を申請して経営破綻した。日本法人のリーマン・ブラザーズ証券も16日朝、東京地

ブッシュ米政権はリーマン・ショックへの対処に追われた（ロイター＝共同）

裁に民事再生法の適用を申請した。リーマン日本法人の負債総額は3兆4314億円と巨額で、日本国内で戦後2番目の大型破綻劇となった。

米国で4番目に規模が大きい投資銀行であるリーマンを公的支援もないまま破綻させたことで、世界の金融市場はマヒ状態に陥った。

次の破綻リスクがすぐさま意識され、16日には保険大手のAIGの経営が行き詰まり、公的管理で救済することが急きょ決まった。資産規模3000億ドルという大手貯蓄金融機関、ワシントン・ミューチュアルも経営破綻。ワコビア銀行がウェルズ・ファーゴに身売りするなど、米金融機関はドミノ倒しのような経営危機となった。

私は08年春に財務省から日銀に担当替えとなっていた。財務省サイドで日銀総裁人事の取材を担っていたが、ねじれ国会の影響で決着が遅れてそのまま日銀担当にスライドしていた。リーマン・ショックが起きたときは、まだ日銀担当になって半年しかたっておらず、あいにく危機時の金融システムに精通しているとは言いがたい状況だった。

決定会合が開かれていた17日、ある日銀関係者から金融危機対策として前例のない資金供給策のアイデアを聞かされた。

「ドルが世界的に足りないからね。日銀がドルを出そうと思って各国と議論しているんだよ」

「日銀がドルなんて出せるんですか？」と私が問うと「FRBから借りるんだよ。スワップ協定を結んでさ。いま邦銀はドルがどこからも取れないから。FRBとスワップを結べば、日本の銀行に直接ドルを出せるようになる」

リーマン・ブラザーズが破綻して2日目の時点で、私は日本の銀行のドル資金がどれほど枯渇しているかもはっきりとつかめていなかった。ただ、日銀がFRBと組んで、前例のない資金供給策を繰り出そうとしていることはわかった。記者魂が揺さぶられる異例のスキームであることだけは把握できた。

ただ、取材に応対してくれた日銀関係者も慌ただしく動いており、その対話は数分で打ち切られた。「ドル供給ですか、どんな仕組みがあり得るのか勉強してみますよ」。私はそう取材を締めくくった。

私は日銀取材の現場責任者であるキャップに「日銀が面白いスキームを考えているようですよ。FRBからドルを借りて日本で貸し出すそうです」と報告した。時間をかけて詳細を追加取材すれば、大きなニュース記事を配信できるだろうと手応えを感じていた。そんな私ののんびりした感覚を置き去りにして、世界的な資金供給スキームがあっという間に翌日に発表されてしまうとは、そのときは全く思いもしなかった。

そのころ日銀の金融市場局ではFRBと欧州中央銀行（ECB）、英国、スイス、カナダの各中銀と電話回線をつなぎっぱなしにしてドル供給の具体策を詰めていた。17日夜には、のちに副総裁となる中曽宏・金融市場局長が徹夜で各国と協議して、合計2470億ドルのドル供給策をまとめ上げていく。

取材記者の想像を超えるスピードで国際協調策が仕上がろうとしていた。それだけ世界の金融市場は危機的だった。邦銀は財務状況こそ健全さを保っていたが、どの銀行も世界でドルが調達しにくくなっていた。日本の銀行がドルを取れなくなれば、トヨタなど大々的に海外展開する企業の資金繰りに大きく影響する。金融危機が経済危機に発展するのを防ぐためにも、一時の猶予も許されない状況になっていた。銀行システムの安全を極めて重視する白川方明総裁は、素早い対外公表を現場に求めていた。

「ドル市場は金利の急上昇や金利の大幅な振れが目立つほか、年末越えの資金調達にかかる不安感も高まっています。今回の各国中央銀行による協調策は、市場全体の状況改善を目的として、ドル供給スキームの導入やその拡充策を協調して行うものです」

白川総裁がそう記者発表したのは18日午後5時だった。同氏は「邦銀の外貨の資金繰りに特段の懸念はない」とあえて付け加えた。

同日の決定会合では、ほかの政策委員から「ドル供給のスキームを強調すればするほど、邦銀の外貨調達に問題があるとみなされて、かえって金融不安を広めかねない」という懸念が上がっていた。白川氏は決定会合で「デリケートな部分なので、強く意識して周到に発言しようと思っている。日本の金融機関の外貨繰りがここにきて急に逼迫しているという印象は絶対に与えないようにする」と各委員に伝えていた。

日銀も早々に臨戦態勢を迫られていた。その後しばらくたって、白川氏は記者会見でこのときの状況を「ドル資金市場の流動性はほぼ枯渇していた」と明らかにした。貸し倒れへの恐怖から、世界の主要銀行間のドル調達金利は一時2ケタにまで跳ね上がっていた。

2 ハチの一刺しではなかった

リーマン・ショックの震源地である米国と異なり、日本の金融システムにヒビは入っていなかった。ドル供給スキームによる下支え効果が大きかった。政府も経済財政相の与謝野馨氏が「ハチの一刺し程度」と表現するなど、日本経済への影響を軽くみていた。

ところが、日本経済を大きく揺さぶる材料が現れる。未曽有の円高だ。9月初旬時点で1ドル＝107円だった円ドル相場は、リーマン破綻直後こそ大きく動かなかったものの、金融危機の深度が増すにつれて円高の流れが強まった。その最大の理由は、日米の金利差だ。

FRBやECB、英イングランド銀行など世界10中銀は、10月8日に史上初めての「同時緊急利下げ」に打って出る。政策金利の下げ幅はそろって0・5％。通常の2倍の利下げ幅で金融市場に世界協調をアピールした。米欧は米同時テロがあった01年9月にも協調利下げしたことがあるが、これだけ広範な中央銀行が一斉利下げに踏み切るのは前例がなかった。

中核となったのは「3人組」だ。FRBのバーナンキ議長は週末の10月4、5日、ワシントンの執務室から英中銀のキング総裁とECBのトリシェ総裁に頻繁に電話をかけて一斉行動で市場にインパクトを与えられないかと協議した。バーナンキ、キング両氏は学者として米マサチューセッツ工科大学（ＭＩＴ）に同時に在籍し、気が合う仲だ。３氏は5日夜までに「同時緊急利下げ」で合意したという。

バーナンキ議長の呼び掛けで主要中銀の総裁による電話会議が実現したのは、米東部時間の7日午前6時半（日本時間午後7時半）だった。カナダ中銀のカーニー総裁、日銀の白川方明総裁も加わった。ところが、この電話会議は、日銀が決定会合で金利の据え置きを全会一致で決めた直後に開かれていた。そのため、日銀は金融システムが安定していることなども理由に、世界同時利下げへの参加を見送る。

日本は政策金利が０・５％しかなく、そもそも各国と協調利下げできる金利の余裕がなかった。金融危機の震源地ではない日本にとっては、世界景気の悪化が長引くことを見越して、金融緩和の余地を可能な限り残しておきたいのが本音だった。

しかし、この頃から、日米の金利差縮小による円高で、日銀は追い込まれていくことになる。9月末時点で１ドル＝１０５円台だった円相場は、10月8日には一気に同１００円を突破した。ＦＲＢがさらなる大幅利下げを示唆すると、円相場は10月24日には92円台まで急騰する。

外国為替相場には１つのパターンがある。中央銀行が利下げした通貨は下落し、利上げした通貨が上昇する。国と国の金利差が為替相場を左右する１つの要因であり、パニック相場ではこうした動きが増幅しやすい。米欧が連続利下げに踏み切る中で日銀だけが政策金利を据え置けば、市場の円高は止まらなくなる。

各国の政策金利は、10月8日の同時利下げ後もＦＲＢが１・５％、ＥＣＢは３・75％、英中銀は４・５％、スイスは２・５％、カナダも２・５％などと、まだ利下げの余地が残されていた。市場は第2弾、第３弾の米欧中銀による追加利下げがあるとみていたが、日本は０・５％とそもそも緩和余地がなかった。

ドルやユーロの金利が下がって円金利が固定されたままなら、利回りの得にくくなるドルやユーロが売られて円に資金が回帰する。日本は海外に大量の資産を保有する純債権国であり、世界経済にショックが走ると海外の保有資産を日本にひとまず戻す動きが強まりやすい。「有事の円買い」を市場が予測すると、さらに投機的な円買いが発生して、円高はますます止まらなくなる。リーマン・ショック後の外国為替相場は典型的な「有事の円買い」となった。

円高は輸出企業の逆風となる。日経平均株価は10月に入ってから３割以上も下落し、同27日には03年4月に付けたバブル崩壊後の最安値（７６０７円）を一時割り込むまで落ち込んだ。主要国の株価指数でみても日本は最も大きな下落率となった。急激な円高は外需依存度の高い日本企業の収益悪化懸念に直結した。のちに判明するが10〜12月期の実質成長率はマイナス９・５％（年率換算）と日本経済全体が急収縮していた。米欧の金融危機は、日本の経済危機へと大きく転換しつつあった。

日銀が世界同時利下げへの参加を見送ったのが10月8日。それから20日足らずで日銀は単独利下げを余儀なくされようとしていた。猛烈な円高で製造業から悲鳴が上がり、日銀の現役幹部は「為替相場への影響を考えれば、日銀も協調利下げに加わっておくべきだった」と今でも悔いる。ただ、日米金利差という観点でみれば、仮に協調利下げに参加しても、その後の猛烈な円高を完全に回避できたとは考えにくい。政策金利の下げ余地がなかった白川日銀にとって、急激な円高を回避する術はなかったと言っていい。

金融市場は当時、日銀の利下げをほとんど織り込んでいなかった。ところが、10月31日の決定会合を前に私が重点的に関係者を取材すると「今回の会合は真剣勝負になる」（政策委員）など と金融緩和を示唆するコメントが出てきた。

日銀には金融政策決定会合の2営業日前から、当局者が対外コメントを発せなくなる「ブラックアウト期間」がある。我々の取材活動も大きく制限されることになるが、その期限ぎりぎりとなる28日、ある関係者に状況を確認すると「利下げへ、ではなく、利下げ検討、が正しい状況だ」と明かしてくれた。平たく言えば、日銀執行部の正副総裁3人は利下げの意思を固めており、ブラックアウト中の2日間に各審議委員を説得して利下げの了解を得る、という意味だと解釈できた。

日本経済新聞が「日銀、利下げ検討」と報じたのは10月29日朝だ。予期していなかった金融市場には「サプライズ」となり、その日の早朝の円相場は1ドル＝99円79銭と、前日の終値から5

円以上も円安が進んだ。日経平均株価も2日で1000円を超える上昇となった。

ただ、私はこのとき利下げ幅を十分に取材で詰めていなかった。私は原稿で「利下げ幅は0・25%が有力」と記したが、白川方明総裁が考えていたのは0・2%という下げ幅だった。中央銀行は世界的に政策金利を0・25%刻みで動かしている。2倍速の利下げなら0・5%、3倍速なら0・75%だ。0・2%という刻み幅は極めて異例で、日銀内も0・25%案と0・2%案で割れていた。白川氏はこのとき、さらにもう一回の追加利下げに踏み切ったとしても、0・1%の政策金利を残しておこうと考えていた。完全にゼロ金利にしてしまうと短期金融市場で資金のやりとりがなくなってしまい、市場機能が壊れてしまうからだ。

01年から06年の量的緩和政策時は、ゼロ金利で短期市場の流れが著しく滞った。その経験が、奇策と言える0・2%の利下げ論を生むことになった。

31日の決定会合では、白川氏ら執行部が0・2%の利下げを提案する一方、亀崎英敏審議委員ら3人は定石通りの0・25%を主張して議論は紛糾する。

利上げそのものに反対した水野温氏審議委員も含め、議長提案には賛成4に対して反対も4票入り、異例の議長裁決で0・2%の利下げが決まった。わずか0・05%という利下げ幅の違いは実体経済面で何ら影響をもたらさないが、市場には「7年ぶりの利下げに踏み切ったとしても、やはり日銀はタカ派的」という印象を与えることになった。

市場機能を保とうという白川総裁の強い意思は、パニック状態にある金融市場に深くは理解されず、日銀の利下げ余地の乏しさばかりが意識されるようになった。それは長年の低金利政策のツケであり、世界的な経済危機下で日銀と日本経済の足かせとなる。後述するが、円相場は12月には1ドル＝90円台を突破して一時87円台まで上昇。リーマン危機による世界不況に加え、日本は円高不況まで抱えることになった。

3 政争の具となった日銀人事

白川氏はリーマン・ショックが起きる前の08年3月21日に副総裁に就任し、そのまま空席となっていた総裁職を代行することになった。当時の福田康夫政権は、提示した財務次官ＯＢの日銀総裁就任案をことごとく国会で否決されていた。白川氏がそのまま副総裁から総裁に昇格したのは、4月9日のことだった。

白川氏はその翌10日にはＧ7会議のためにワシントンへ向かった。総裁として初めて参加した国際会議で、白川氏は自らを「Accidental Governor」と冗談めかしながら紹介している。「予期せぬ形で総裁になってしまった」という意味だが、その自己紹介はのちのアクシデントに満ち満ちた波瀾《はらん》万丈の5年の任期を暗示することになった。

日銀理事を退任して京都大学教授に転じていた白川方明氏に、日銀副総裁への就任の打診があったのは07年11月だという。

人事の最初の打診は、官邸から直接来るわけではない。官邸は第三者を通じて当人にポスト受諾の意思があるかどうか柔らかく打診する。途中の選考プロセスで人事案がひっくり返ることもあるからだ。白川氏にも、官邸に近い第三者が07年秋に副総裁に就任するかどうかの意向を尋ね、内々に承諾を得ていた。

国会で日銀の正副総裁人事が大もめにもめるのは翌年の3月から4月にかけてである。03年から08年まで日銀総裁を務めた福井俊彦氏の後任候補は、武藤敏郎副総裁（当時）ただ一人だった。武藤氏は00年に大蔵次官となり、01年には省庁再編で生まれた財務省の初代次官も務めている。政界とのパイプは日銀プロパーとは比べものにならない太さがあった。14年からは東京オリンピック・パラリンピック組織委員会の事務総長を務め、その調整能力を存分に発揮することになる。

武藤氏を03年に日銀副総裁に送り込んだのは小泉純一郎政権で、08年の日銀人事を差配する福田康夫首相は03年時の官房長官だった。武藤氏の総裁昇任案は小泉政権時代からの申し送り事項だったとされる。

問題は、07年7月の参院選で自民党が大敗し、衆院は自民党が多数党、参院は民主党が第1党となる「ねじれ国会」が出現したことにあった。参院選敗北で体調を一層悪化させた安倍晋三首相（当時）は9月に辞任し、福田康夫氏が首相に就いた。その福田政権を苦しめたのが、ねじれ国会下での日銀人事だった。

「我々の人事案はもちろん武藤さんだよ。しかし決めるのは福田総理じゃなくて小沢さんだからね」。当時の財務省高官に日銀人事で取材に行くと、毎度こう返答を受けた。

新日銀法は「総裁及び副総裁は、両議院の同意を得て、内閣が任命する」（第23条第1項）とだけ記しているが、衆参で採決がねじれた場合の措置を決めていない。「日銀の正副総裁人事の承認プロセスは、ねじれ国会を想定していない法の建て付けになっていた」（財務省幹部）という。新日銀法の最大の欠陥といってよかった。両院の人事承認が必要であれば、与野党の「ねじれ」はそのまま政争となる。

そのため、日銀人事の決定権は事実上、参院第1党である民主党にあると言ってよかった。財務省は内々に国会同意人事のプロセスを見直す法改正案まで練っていたが、その機会は既に失われていた。

民主党代表の小沢一郎氏は武藤氏の総裁昇格案に肯定的だった。ところが、民主党内の反小沢派が反発。民主党の内輪もめで、日銀人事はますます政争の具と化した。

福田政権は参院で野党に否決されることも覚悟の上で、3月7日に武藤氏を日銀総裁に、副総裁には伊藤隆敏東大教授と白川方明元日銀理事を充てる人事案を国会に提示した。衆院では賛成を取り付けたが、参院では武藤総裁案とともに伊藤副総裁案も否決された。福田首相は武藤氏を温存するため、福井総裁と武藤副総裁の留任案を出すものの、これも参院で一蹴された。

結局、国会を通過したのは白川副総裁案だけだった。私はこのとき、百戦錬磨の財務官僚の一人が涙目で「残念だ」とつぶやいたのを覚えている。それほどまでに有力次官OBを国会でさらし者にしてしまった財務官僚の絶望感は大きかった。

しかし、政治からすれば「日銀はこの上ない政局の材料になる」と強く認識した瞬間だった。野党・民主党には日銀人事が福田政権を追い詰める決定的な材料と映っていた。民主党が飲めない人事案は国会を通過せず、日本経済を左右する日銀人事案は野党が成否を握っていた。その後、政治にもてあそばれるようになる日銀の姿は、ここが起点になったといっていい。

武藤総裁案を否決された福田政権は、日銀総裁に再び財務次官OBである田波耕治・国際協力銀行総裁を充てる人事案を提示した。福井俊彦総裁の任期は残りわずか1日で、破れかぶれといっていい人選だった。日銀人事を担当していた財務省高官ですら「その日に知った」という仰天の人事案だった。副総裁に西村清彦・日銀審議委員（元東大教授）を充てる人事案は承認されたものの、田波案はまたもや否決され、総裁ポストは戦後初めて空席となった。

4月のG7会議の直前になって、福田政権は日銀プロパーの白川氏の総裁昇格案を提示。民主党は白川副総裁案を承認しており、総裁昇格案にも異論はなかった。迷走の日銀人事はこうしてひとまず収束していく。ただ、日銀は副総裁ポスト1人、審議委員ポスト1人の2つが空席のまま、08年秋のリーマン・ショックへと突き進んでいくことになる。

4　バーナンキFRBとの競争

最後の最後で利下げへ

話をリーマン・ショックの嵐が吹き荒れた2008年秋に戻そう。

日本経済は日銀が10月31日に打ち出した7年ぶりの利下げでも、逆風を跳ね返し切れていなかった。危機の震源地である米国では、米連邦準備理事会（FRB）が日銀を上回るスピードで新手の政策を打ち出し続けていた。日米の金利差が円ドル相場を左右しており、先手を打ち続けるFRBの動きは急激な円高・ドル安をもたらす材料となっていた。

FRB議長はグリーンスパン氏の後を継いだベン・バーナンキ氏だった。同氏は1930年前後の大恐慌の研究で知られる経済学者で、2022年にはノーベル経済学賞を受賞する。大恐慌研究の第一人者でありながら、なぜリーマン・ショックを防げなかったのかという批判を浴びることになるが、08年当時は金融危機の延焼をなんとか食い止めようと積極策を繰り出していた。

FRBは9月のリーマン・ショック勃発後、10月8日の「世界同時利下げ」で政策金利を2・0%から1・5%に引き下げた。それから1カ月もたたない10月29日にはさらに0・5%の利下げを断行して、政策金利を1・0％まで下げていく。

金利政策だけでなく、凍り付いた金融市場を動かすため、大量の資金供給策や異例の金融仲介策も連発していく。FRBは11月末に、買い手がいなくなった住宅ローン担保証券（MBS）を購入する「信用緩和」を発動。これは後の量的緩和（QE）の基軸となる政策だった。12月6日には政策金利を1％から0～0・25％へと一気に引き下げ、米国史上初のゼロ金利政策にも打って出た。予想を超えるサプライズ緩和によって、日本と米国の政策金利はついに逆転。円高の流れは一層止まらなくなった。この日の円相場は13年ぶりに1ドル＝87円台に突入する。

金利差によって為替相場が決まる流れになると、日銀はFRB以上にアグレッシブな金融緩和をしない限り円高を反転できない。基軸通貨国の米国は国際協調を既に投げ捨て、なりふり構わぬ緩和策に突き進んでいた。逆に緩和余地のない日銀には、焦りのような感情が浮かび、それが白川執行部を突き上げる動きにつながっていた。

日銀は12月19日に決定会合を控えていたが、利下げの可否は決まっていなかった。産業界出身の亀崎英敏審議委員（三菱商事元副社長）が強く利下げを求めていたが、執行部は官邸や財務省に態度を明らかにしていなかった。

白川氏が追加利下げに慎重と伝わっていた一方で、雨宮正佳企画局長らは「サプライズ緩和を狙っていた」との説もある。私はこの頃、現場記者として再び追加緩和の可否を取材して回った。

「さすがに追加利下げは避けられないのでは」

「もう弾（利下げ余地）がない。どこで撃つのか、慎重に考えざるをえない。今回は見送りだと思ってもらっていい」

ある有力な取材先は私に対して、このときに直前までこう断言していた。それでも円高の圧力に対抗するため、弾がないとはいえ日銀は最後の最後に利下げを決断するのではないか。私はぎりぎり深夜まで取材を続け、最終的に「現状維持とは限らず、際どい採決になる」との感触を得た。

日本経済新聞は19日付朝刊で「日銀、利下げ含め検討」と報じた。19日の決定会合では、政策金利を0・3％から0・1％へと引き下げる決定を下した。賛成8人、反対1人だった。

余談だが、メディアにはもう少し先走った情報発信もなされていた。ある大手紙は19日付朝刊で「日銀が量的緩和再開へ」と報じていた。FRBが先述したMBSの買い取り策を発動。日銀も確かに19日の決定会合で長期国債の買い入れを増やす策を決めており、それを量的緩和と解釈することも可能だった。

日銀の企画ラインは「金融緩和に消極的」という批判を跳ね返そうと、そうした入れ知恵をメディア関係者にしていた。ところが、白川氏は19日の記者会見で「ベースマネーを拡張することで景気への刺激を狙おうと考えている人はいなかった」と量的緩和論を否定する。言葉だけで市場の期待に応えるような政策運営は、いずれ投資家や生活者の失望を招いて中央銀行の信認をおとしめると白川氏は考えていた。短期的な期待感を持っていた市場は「日銀はやはり量的緩和に消極的」と評価して、円高の流れは反転できなくなった。

金融危機が始まる前、日本を除く各国は利下げ余地を残していた。米国は07年時点で5・25％の政策金利があり、ECBも同4・0％と金融政策に余力があった。米欧中銀はそれを大幅に切り下げていくことで、金融市場と実体経済の悪化に対処することができた。金利の引き下げ余地がない日銀にとって、円高との闘いは極めて分が悪い状況だった。それだけではなく、市場には資金供給量の増減が為替相場に影響するという「ソロス・チャート論」もあった。同チャートは必ずしも理論的とは言い難いものの、市場は日米中銀の資金供給量も意識していた。理論ではなく心理で動く金融市場の難しさがそこにはあった。

凍り付いた企業金融

「日銀にCP（コマーシャルペーパー）を買い取ってもらいたい」

日銀には異例の申し入れが産業界から寄せられていた。リーマン・ショックで資金の出し手が「蒸発」すると、売り上げが急減した企業は運転資金の確保すら困難になっていた。

その典型例が、短期資金を調達するCP市場の損壊だ。10月のCP発行残高は前年同月比13％減の18兆4800億円となった。金融危機で金利が高止まりして発行を見送る企業が続出。代わりに大企業は銀行借り入れへの依存を強め、そのあおりで中小企業に融資が回らない悪循環に陥っていた。日本経済は銀行の不良債権問題が片付いた直後であり、リーマン・ショックの金融システムの影響は軽微とされたが、そんな楽観論は吹き飛んでいた。

麻生太郎政権はリーマン・ショックが吹き荒れた08年9月に発足した。同政権は秋も深まると連日、企業金融の支援策を議論するようになる。手元には日産自動車やオリックスなど、資金繰り難に陥った大企業のリストがあった。

資金調達の要となる社債とCP市場の規模は計70兆円と巨大だ。経済産業省の内部試算では「このままなら20兆円分が借り換えできなくなるリスクがある」と示していた。銀行には企業融資の拡大が求められたが、保有株に巨額の含み損が発生して自己資本規制上、融資の拡大余力がなくなっていた。凍り付いた企業金融を立て直さないと、競争力のある企業までもが取り返しの付かない痛手を負う懸念があった。

企業の資金繰り支援で先行したのは、このときもFRBだった。FRBは10月に、企業が発行したCPを買い取って資金供給する支援制度を創設。米国ではCP金利が急上昇しており、企業はそれを借り換えるたびに資金負担が増すリスクがあった。日本企業も三井物産など商社が米国現地法人のCPをFRBに買い取ってもらい、ドル資金を調達する動きが加速した。一方で政府・日銀には「米当局は日本企業まで救済しているのに、日銀はなぜCP市場の窮状を放置しているのか」との批判が生まれてくる。

しかし、白川総裁はCPの買い取りそのものに慎重なわけではなかった。

FRBなど主要中銀のCP買い取り制度には、財政当局のバックファイナンスがきちんと付いていた。FRBであれば、ニューヨーク連銀が特別目的事業体（SPV）に資金を出してCPや社債を買い入れることにしていたが、損失が出れば米財務省が代わりに負担する仕組みになっていた。日本では損失負担を巡る冷静な議論がなされておらず、日銀が企業のCPや社債を購入すれば、倒産時に純粋に損失が発生するリスクがあった。白川氏の逡巡はそこにあった。

しびれを切らした麻生政権は、株式会社化したばかりの日本政策投資銀行に緊急のCP買い取り策を委ねることになる。政投銀は民営化の方向が示されており、日銀と同じく損失リスクを負わせるのは政権内に躊躇があった。それでも「日銀が動かないなら背に腹は代えられない」（当時の財務省高官）との判断があった。

日銀もこうした動きを受けて12月19日の追加利下げと同時にCP買い入れも決定する。金融危機対策を一手に担っていた財務省内には「日銀の動きはあまりに後手に回りすぎている」と不満をぶつけるようになっていた。

08年10〜12月期の実質成長率は年率換算で前期比9・5％のマイナスとなり、3期連続で悪化した。日本経済は戦後最悪レベルの景気後退に突入しようとしていた。

5 想定外のデフレ宣言

アクシデント続きの白川体制のもう一つの予期せぬ出来事は、繰り返される政権交代だった。自民党の福田政権、麻生政権と続き、09年9月には戦後初の本格的な政権交代で民主党の鳩山由紀夫内閣が発足する。その後、菅政権、野田政権と民主党体制が続くが、12年には再び自民党に政権が戻り、第2次安倍内閣が生まれることになる。

6人もの首相と付き合うことになった日銀総裁は、歴史的にも白川氏だけだ。後任の黒田氏は10年という歴代最長の任期だったが、安倍首相、菅首相と自民党政権は常に黒田氏の「応援団」だった。白川氏は政治面での支援が望みにくい逆風続きの5年間となった。

この頃、私はわずか1年だったが日銀から内閣府へと取材先が変わり、マクロ経済分析を主に担当するようになっていた。最初の難題はリーマン危機後の国内総生産（GDP）の分析であり、着任早々に09年1～3月期の経済成長率の発表が控えていた。

09年5月20日、私は早朝に内閣府内にある記者室に出向き、すぐに速報を配信できるよう予定稿を整えた。その後に正式な発表資料に目を通すと、成長率は年率換算で前期比マイナス15・

2％（速報値）と戦後最大の景気悪化だったことがわかった。

なかでも輸出は同26・0％減と著しい落ち込みで、当時の与謝野馨・経済財政担当相は、「景気が急速に悪化し、厳しい状況にあることを反映した」とのコメントを発表している。3月の完全失業率は4・8％と2カ月で0・7ポイントも悪化しており、長い経済停滞のリスクがにじんでいた。

麻生政権はリーマン・ショック後の景気悪化を食い止められないまま、09年7月に解散総辞職に踏み切る。麻生氏は08年9月に首相に就いたが、リーマン危機下の経済対策に追われて思うようなタイミングで解散カードを切れなかった。09年8月30日の衆院選では、民主党が総議席数の3分の2に迫る308議席を獲得して圧勝。9月16日には民主党の鳩山由紀夫代表を首相とする連立内閣が発足し、戦後で初めて二大政党による本格的な政権交代が起きることになった。

先述した通り、白川氏は民主党の賛意で日銀総裁に就いた経緯がある。日銀内には金融政策への政治的な「追い風」が吹くとの見方があったが、その読みは極めて甘かった。

民主党の多くの幹部は政権運営の経験がなく、経済政策面であらゆる調整不足を露呈する。政権支持率を維持するためポピュリズム的な思考を強めるようになり、その矛先が日銀に向かうようになる。リーマン・ショック後の世界景気の悪化で原油価格が大幅に下落し、日本のインフレ率も09年8月にはマイナス2％台まで落ち込んでしまった。

景気悪化と物価下落が同時に起きると、デフレと呼ばれて負のイメージが強まる。白川体制は経済面、政治面の両方で苦境に立たされることになる。

「今回のＱＥ（四半期別ＧＤＰ速報値）では、名目成長率が実質成長率を２四半期連続で下回る結果となりました。こうした結果から、私としては、デフレ的な状況に入りつつあるのではないかという懸念を持っております」

09年11月16日、私は内閣府の記者会見室で菅直人経済財政相（副総理）がこう言うのを聞いていた。同日明らかになった成長率は、インフレ率を差し引きした実質ベースで４・８％増（年率換算、速報値）だった。ところが、物価動向を加味した名目ベースでは０・３％減（同）とプラス・マイナスが逆転した。つまり、モノやサービスの生産量は増えたものの、実額収入でみれば減ったことになる。日本経済はリーマン・ショックによる急激なマイナス成長から脱したものの、成長の実感が得にくい日本的なデフレ状況に陥りつつあった。

４日後には政府が毎月発表する「月例経済報告」の公表を控えていた。同報告は日本経済に対する政府の公式見解だ。内閣府担当の別の記者が事務方に取材すると、月例経済報告内で３年半ぶりに「デフレ宣言」を発令する検討に入っていることもわかった。日本経済新聞は11月16日夕刊で、ＧＤＰ速報を詳報するとともに「政府、『デフレ』を宣言へ」とも報じた。

私は同時に日銀関係者にあたって「追加緩和の用意はあるのか」と尋ねた。

内閣府はデフレの定義を「２年連続で物価が継続的に下がる状態」としている。しかし、一般的な受け止めは「景気悪化を伴う物価下落」だろう。私は、政府がデフレ宣言を発出する以上、経済対策面で丸腰のまま無策というのはあり得ないとみていた。過去をみれば、政府は01年3月に「デフレ宣言」を出し、日銀はその3日後に量的緩和政策に踏み切っている。

ところが、その日銀関係者はしばらく絶句して「そのデフレ宣言って、本当なの？」と問い返した。

政府・日銀が政策面の手当がないまま「デフレ宣言」を発出すれば、かえって企業や家計の心理は冷え込んで投資や消費にマイナスになりかねない。景気も病気も「気から」と言われるが、民主党の政策不在のデフレ宣言はこうした機微を理解していない証左でもあった。

菅氏は発言を修正することなく、11月20日に予定通り月例経済報告で「緩やかなデフレ状況にある」と宣言した。

同日、日銀は金融政策決定会合を開いていた。日銀としてもデフレ状態にあると認めるのかどうか、政府のデフレ宣言を日銀として追加金融緩和なしに丸腰でやり過ごしていいのか、その2点で議論は紛糾した。

白川氏は日銀がデフレという言葉を安易に使うのを避けていた。経済史に詳しい同氏にとっては、デフレは戦前の大恐慌を想起する言葉だった。実際、白川氏は著書で「デフレという言葉は１９３０年代の大恐慌と深く結びついており、恐怖感を生み出す言葉」と表現している。

政府は自民党政権時代の01年にデフレ宣言を出した（06年に解除）が、それは同時に日銀に量的緩和政策を迫るものでもあった。政府のデフレ宣言は、自然と日銀の追加金融緩和につながるはずだった。ところが「そうした擦り合わせは、民主党政権と白川日銀との間で全くなされていなかった」（当時の日銀高官）という。市場はそこまで政府と日銀が調整不足に陥っているとは思わず、むしろ「デフレ環境にもかかわらず、日銀が追加緩和を渋っている」という見方を強めることになる。

11月20日の決定会合後の白川氏の記者会見は、持論を披露するにとどまった。それは正論ではあったが、市場参加者が期待したものではなかった。

白川氏はデフレ宣言後の日銀の政策シナリオを問われて「よく行われている議論は、中央銀行がもっと流動性を供給したり、もっとバランスシートを拡大したりすればデフレは収まるのではないか、という点だと思います。そうした議論についてどのように考えているかを説明することが、ご質問に対するお答えになると思います」と話し始めた。

白川氏の主張は大きく2点あった。

まず、日銀は「潤沢に流動性を供給している」ということだった。同年10月の米銀の企業融資は前年同月比17％減という大幅なマイナスだったが、日本は同0・5％増とわずかながら増勢にあった。白川氏は「この1年の変化をみると、貸出（借入）という面では、欧米に比べて日本の方が遥かに状況はよかった」と指摘した。これは金融面でみれば、日本よりも米国の方が環境が引き締まっており、はるかにデフレ的であるということを示していた。

もう一点は、市場に持ち上がる量的緩和政策への期待についてだった。日銀はすでに政策金利を0・1%まで下げており、次の金融緩和は金利から量に移らざるをえなかった。白川氏はこれに対して「流動性を供給するだけでは物価は上昇しないと思います。この点については、今回の米国の経験をみても分かると思います。中央銀行が供給した超過準備額の対GDP比率をみると、日本の量的緩和政策のときには5・8%であったのに対し、現在のFRBでは6%台だと思います。要するに、日本の量的緩和政策時でも現在のFRBでも超過準備という形で同じように流動性を供給していますが、それ自体によって物価を更に押し上げていく効果は乏しかった」と指摘した。

このときの日銀の量的緩和政策とは、民間銀行が中央銀行に預ける準備預金を法定金額よりも多く積ませて、資金余剰をつくって企業や個人の融資に充ててもらうという発想だった。米国も量的緩和に近い政策を展開していたが、企業融資の大幅減少をみれば政策効果が発揮できていないことは明らかだった。

白川氏の主張は①経済回復には金融システムの立て直しが必要だが、その面でみれば日本の銀行部門は十分に機能している②資金供給量を増やすだけの量的緩和政策に物価押し上げ効果はない——ということにあった。

ところが、経済界は単純に何らかの追加緩和策を求めていた。企業にあるのは物価下落へのいらだちではなく、最大の不満は円高だった。10年頃になると「六重苦」という言葉でそれは表されるようになる。「円高」「高い法人税率」「高い電気料金」「自由貿易協定の遅れ」「厳しい労働規制」「環境規制」がそれだ。なかでも円高は猛烈な日銀批判を生むことになる。為替レートは中央銀行の金融緩和で動かせるという考えが支配的だったからだ。確かに08年のリーマン・ショック後の為替相場は、日米の金利差が決定的な要素となっていた。白川日銀の最大の敵は円高であり、その大元をたどれば最大の敵はＦＲＢだった。

6 リフレ派を生んだ緩和競争

ジャクソンホールの変

２０１０年8月10日、日銀が金融政策の現状維持を決めた直後に、ＦＲＢは米国債の買い入れを拡充する新たな量的緩和措置を突如として打ち出す。バーナンキ体制はリーマン・ショック後の大規模緩和から出口を模索しかけていたが、一転して金融緩和の再拡大にアクセルを踏み込むことになった。

既にリーマン・ショックからは2年近くがたっていた。ゼロ金利や量的緩和といった長い金融緩和策にもかかわらず、米国のインフレ率（個人消費支出物価指数）は１％台半ばまでしか上がっていなかった。バーナンキＦＲＢ議長らは低インフレと低成長が長引く「Japanification（日本化)」を恐れていた。

ＦＲＢの突然の緩和策は市場のサプライズとなり、外国為替相場を再び大きく動かすことになる。10年5月時点で1ドル＝94円台だった円相場は、8月11日には同84円台まで再上昇した。日本経済はおよそ15年ぶりの円高圏となった。ＦＲＢは10日発表した声明文で追加緩和の意向もにじませており、「積極緩和に動くＦＲＢと、緩和余地のない日銀」という構図が再びできあがっていた。ＦＲＢも金利の引き下げ余地はなかったものの、サプライズ緩和が市場の投機的な動きを誘って円高基調が定着してしまった。

当時の菅直人首相（民主党）は「経済無策」との批判を受けていた。財務省の玉木林太郎財務官を動かし、夏季休暇中だった中曽宏理事（国際担当）に電話を入れさせて、政府・日銀の「意見交換会」を開くよう申し入れた。日銀は白川総裁名で談話を出し、円売り介入も辞さない姿勢を明示した。

ところが、小手先の動きでは円高は止まらない。

ＦＲＢのバーナンキ議長は8月27日の「ジャクソンホール会議」で、さらに「必要と判断されれば、非伝統的手段を通じて追加の金融緩和策を講じる用意がある。景気見通しが著しく悪化した場合には特にそうだ」と踏み込んだ。追加の緩和措置を近く決断する可能性を示唆したものだった。バーナンキ氏はこの日、当初予定していた講演内容を急きょ差し替えていた。日本時間は既に土曜日となっていたが、週明けの為替相場は円高が一段と進むことが想定された。

ジャクソンホール会議とは、主要中銀トップや学識経験者が集まって金融政策論を交わす内輪の集まりだ。米西部ワイオミング州にある山荘がその舞台となる。本来なら午前中だけ議論して午後はフライフィッシングに出かけるような緩やかな国際会議のはずだった。同会議はこのバーナンキ氏の講演を境に、注目発言がたびたび繰り出されるようになり、金融担当記者にとっては注視が欠かせないイベントとなっていった。

バーナンキ氏の追加緩和発言は、すぐさま地球の裏側の日本にも伝わった。しびれを切らして動いたのは首相官邸だった。菅直人首相は「為替市場の過度な変動は経済・金融の安定に悪影響を及ぼし、私としては重大な認識を持っている」として「必要なときには断固たる措置をとる」と為替介入の可能性まで自ら示唆してみせた。同時に米国のジャクソンホール会議にバーナンキ氏らとともに参加していた白川日銀総裁に対して、帰国し次第、政府と日銀でトップ会談するよう記者団を通じて要請した。

山口広秀副総裁は騒然とした日本の情勢をジャクソンホールにいた白川氏にすぐさま伝えた。白川氏は米国出張を途中で切り上げて29日に帰国することとなった。白川氏は帰国早々の30日に円高対策を主眼とした臨時の金融政策決定会合を急きょ開くことにした。

包括金融緩和

8月30日、日銀は1週間後に控えていた定例会合を待たず、政策変更に動いた。「円高傾向の定着が企業マインドに影響を及ぼすリスクも顕在化し始め、実体経済の下振れリスクにつながる。次回の9月会合を待たずに追加的金融緩和を行うことが緊急に必要だ」（西村清彦副総裁）という判断だった。

ただ、決定内容は年0・1％という低利資金を貸し出す「固定金利オペ（公開市場操作）」の拡充にとどまった。オペの貸付期間を既存の3カ月だけでなく、より長い6カ月物を追加するという措置だった。市場の円高圧力は弱まることがなく、9月15日には円相場が1ドル＝82円台まで上昇してしまう。菅政権は6年半ぶりの円売り・ドル買い介入に踏み切ったものの、それでも円高基調が反転することはなかった。

10月5日に開いた決定会合では「これまで以上に円高が持続すれば、輸出や企業収益、株価や物価に下押し圧力が継続する」（宮尾龍蔵審議委員）と悲観論が噴出した。「デフレ脱却の時期が後ずれする可能性も強まってきた」（亀崎英敏審議委員）、「1歩も2歩も踏み込んだ強力な金融緩和政策の追加が必要な局面」（野田忠男審議委員）、と各委員から猛烈な危機感が示された。円高基調の定着によって製造業が空洞化することを恐れたものだが、このとき、もう一つ日銀が恐れたものがあった。政界で持ち上がる日銀法改正案だった。

超党派議員による「デフレ脱却議員連盟」は8月末に「日銀法改正も視野に金融緩和を求める」という決議を採択していた。改正案にはインフレターゲットの創設などもあったが、白川氏や山口氏ら日銀執行部が仰天したのは「日銀正副総裁、審議委員の選任のあり方を変える」と踏み込んでいたことにあった。端的に言えば、インフレ目標が達成できなければ、国会が主導して日銀総裁を解任できるようにする、ということだった。

現在の日銀法は、国会が正副総裁の人事を承認するとしているものの、解任権は内閣にも議会にもない。金融政策を政治から遠ざける中央銀行の独立性のよりどころでもあった。それだけに、総裁解任権につながる日銀法の改正案は、白川体制に重くのしかかった。白川氏は量的緩和による景気刺激効果をほとんど認めていなかったが、それでももう一段の緩和策づくりが欠かせなくなった。そこには明確に組織防衛という観点があった。

もう一点、同議連には浜田宏一エール大名誉教授や岩田規久男・学習院大教授（のちの日銀副総裁）、若田部昌澄・早大教授（同）らが支援者として名を連ねていた。日本産業界の円高へのいらだちからくる日銀批判は、政界と学界の「リフレ派」の台頭を許すことになる。12年のアベノミクスの芽は、ここから始まったと言っていい。

10年10月5日の会合では、3本柱による追加緩和策を決めた。①政策金利を年0・1％から「0〜0・1％」に下げる実質ゼロ金利の明確化、②1％程度の物価上昇が見通せるまでゼロ金利を続ける時間軸効果、③リスク資産を買い入れる35兆円の基金創設――という内容だ。政策金利を幅で示すことが利下げにあたるかどうかで意見が分かれたが、会合内で山口広秀副総裁は「消極的な利下げと言い得る」と強調した。

日銀による資産の買い入れは、長期国債やコマーシャルペーパー（ＣＰ）だけでなく、上場投資信託（ＥＴＦ）、不動産投資信託（ＲＥＩＴ）といったリスク資産も対象になった。

損失リスクがあるだけに、中央銀行としては極めて異例の措置だった。金融政策に詳しい人であればピンとくるであろうが、13年に始まる量的・質的金融緩和（ＱＱＥ）の原型はここでできあがった。のちに黒田東彦総裁（当時）はＱＱＥについて「これまでと次元の異なる金融緩和」と主張したが、それは必ずしも正確ではない。５日の議論で白川氏は一連の政策パッケージを「包括的な金融緩和政策」と名付けた。

記者会見で白川氏は「日銀という立場で何ができるのかしっかり考えなければならない。さらに強力な金融緩和を行っていく。日銀は金融緩和のフロントランナーだった。今回もそうあるべく『包括緩和』という言葉を使おうと思う」と主張した。

同日の日経平均株価は前日比１３７円上昇した。ところが円高の流れはこれでも食い止めることができなかった。円相場は10月下旬に１ドル＝80円台前半となり、１９９５年につけた史上最高値（79円75銭）が迫っていた。当時の白川執行部の１人は「追い込まれて打った緩和策だけに、流れを変えるポジティブなサプライズを与えることができなかった。市場や政界とのコミュニケーションの難しさを感じていた」と明かす。

このころ、経団連の米倉弘昌会長（元住友化学社長）は「米国経済の先行きに不透明感が増しており、（ＦＲＢによる）一段の金融緩和がなされるとの予測から、ドル安が進んでいる。日本企業にとって、今の円高水準はとび抜けて高い」と強い危機感を表明していた。米倉氏は「特に製造業の業績や輸出競争力に与える影響が懸念される。政府・日銀には、為替市場への介入を含む財政・金融政策を機動的に行うとともに、経済の自律回復に向けて新成長戦略の実現に取り組んでもらいたい」と注文をつけた。

日米欧の中央銀行は、政策運営面での弱点がそれぞれ異なる。米国は家計の株式保有比率が高いため、FRBは常に株価を念頭に置いて政策運営する。それが「グリーンスパン・プット」などと呼ばれて、資産バブルを生みやすい土壌となる。欧州中央銀行（ECB）は第1次世界大戦後のハイパーインフレの経験から、物価上昇に極めて敏感だ。主要中銀で最も「タカ派的」とされるのはそのためだ。日本は明らかに為替相場が日銀の政策運営の重荷となる。外需で戦後の高度成長を果たしただけに、今なお大手輸出企業の発言力が強いからだ。

白川日銀が包括緩和に打って出た直後、FRBは11月2〜3日の米連邦公開市場委員会（FOMC）で米国債を6000億ドル買い入れる量的緩和第2弾（QE2）に踏み込んだ。すでに政策金利の下げ余地がなかった日銀にとって、円高との分の悪い闘いが続いていた。

7 東日本大震災

円高による苦境

２０１１年3月11日は、日本の歴史に深く刻まれる1日となった。宮城県東南東沖１３０キロでマグニチュード９・０の巨大地震が発生したとき、白川日銀総裁は本店8階の総裁室にいた。翌週月曜日の14日から決定会合が予定されており、その打ち合わせの会議があったためだ。

のちに東日本大震災と名付けられたその地震は、同時に発生した津波で想像を絶する被害をもたらすことになる。東京でも沿岸部などで火災が発生して煙がいくつも立ち上り、都市交通が遮断された。携帯電話も一斉に不通になった。津波が直撃した東京電力福島第一原子力発電所では、メルトダウン（炉心溶融）が発生。世界史に残る大災害と大事故になろうとしていた。

白川氏は地震発生から15分後には、自身を本部長とする「災害対策本部」を立ち上げた。国内の資金決済網の大元である「日銀ネット」の稼働も確認。日銀はすぐさま「東北の各支店・事務所を含め、通常どおり業務を行っている。日銀ネットも正常稼働している」と声明文を発出した。

真っ先に必要だったのは、金融不安の芽を完全に摘むことだった。震災発生後で最初の営業日となった週明け14日、日銀の資金供給オペには21兆円という過去最大のオファーがあった。同日の決定会合では、資産購入を5兆円積み増す包括緩和の拡充にも踏み切った。

それでも金融市場の動揺は当然ながら収まらなかった。14日の日経平均株価は633円下落し、翌15日には1015円という大幅な下落を記録する。

震災直後の日本経済の重荷となったのは、さらなる円高の進行だった。17日には1ドル＝79円台前半まで急騰し、円相場は史上最高値を更新する。日本の生命保険会社や損害保険会社が震災に絡む保険金の支払いを迫られ、そのためにドル建ての外貨資産を大量売却するというストーリーが市場で流布したからだ。各保険会社は実際にはもともと保有していた円価資産を売って保険金の支払いに充てていたが、市場の噂が先行して投機筋の円買い・ドル売りを誘発することになった。

政府・日銀はG7に呼びかけて、11年ぶりの円売り協調介入で対抗する。円高は100年に一度の金融危機であるリーマン・ショックに端を発し、近代最大級の地震災害である東日本大震災でさらに深刻になった。白川日銀はまさにアクシデントの連続だったが、その帰結は常に円高だった。日本経済は円高によって、戦後の成長をけん引した製造業の海外流出という問題に直面することになる。

ここで、円相場と日本経済の関係を点検しておこう。日本が戦後、輸出主導で高度成長をなし遂げたのは、1ドル＝360円という固定相場制があったからだ。日本製造業の競争力が増せば増すほど日本円は実力に比べて安くなり、それが日本製品の世界市場への大量輸出を後押しした。1950年の日本の輸出額はわずか2980億円だったが、71年には8・4兆円まで大幅に膨張している。

ところが、米国からみるとそれはドル高による国際競争力の低下にほかならない。米国の経常収支は大幅に悪化して、71年にはドル紙幣と金の交換を停止する「ニクソン・ショック」につながることになる。基軸通貨ドルによる戦後のブレトンウッズ体制は崩壊して、国際通貨体制はなし崩し的に変動相場制へと移行していった。

再びドル相場を切り下げざるを得なくなったのは80年代だ。米国ではインフレ退治の副作用で経常収支と財政収支がともに悪化する「双子の赤字」が発生していた。1ドル＝250円という当時の相場も維持できなくなり、85年に日米欧5カ国（G5）は秘密裏で蔵相・中央銀行総裁会議を開くことになる。協調介入によるドルの大幅切り下げを決めた「プラザ合意」がそれだ。

円相場は急激な円高トレンドとなり、1年後には1ドル＝150円前後まで急伸する。短期的には「円高不況」と呼ばれた景気悪化に直面したが、中長期的にみればこれが日本経済の致命傷となるバブルの形成につながる。日本の経常黒字を減らすため、内需拡大と市場開放を同時に進める「前川レポート」が86年に取りまとめられた。財政出動と金融緩和が急ピッチで進められ、公定歩合は86年だけで4回も引き下げられた。

それでも経常収支の黒字基調は変わらなかった。国際収支は大きくみれば人口動態などからくる多国間の貯蓄・投資バランスの結果だ。日本だけが一方的に内需振興策を打ち出しても、国際収支が根本から変わるわけではない。結果として日本は景気刺激策が過大になって、国内経済はバブルへと突入していく。80年代後半の不動産向け融資は年率20％という極めて高い伸びとなった。日本の地価総額も85年の1003兆円からバブルピークの89年には2136兆円と2倍以上に膨らんだ。

91年にバブル経済が崩壊しても、円高は収まらなかった。93年に発足したクリントン政権が、対日貿易赤字の削減を公約に掲げていたからだ。半導体や自動車、鉄鋼、保険とあらゆる分野で貿易摩擦が発生し、米政権は明確にドル安・円高が必要だと訴えるようになる。94年7月には1ドル＝100円を突破。95年4月には当時の最高値である同79円75銭まで円は急伸した。バブル崩壊で深刻な内需不振に陥った日本経済にとって、歴史的な円高は外需まで奪われる厳しい試練となった。

のちに日銀総裁になる黒田東彦氏は94年7月に大蔵省の国際金融局審議官となり、その後に財務官となって2003年に退任する。このときの体験は黒田氏に「円高は日本経済にとってマイナス」という強烈な信念を植え付けることになる。

円高は日本企業の海外移転につながった。１９９０年時点で日本企業の海外生産比率は４％にすぎなかったが、10年後には10％を超える水準に高まっていた。

ところがこうした企業の海外流出は、円高が反転した２０００年以降も変わらず続いていた。円相場は00年代前半、１００～１３５円と円安圏で推移したが、企業の海外生産比率は08年には15％超まで上昇していた。中国が世界貿易機関（ＷＴＯ）に加盟した01年以降、新興国経済が急速に力をつけており、日本企業は生産地としても消費地としてもさらにアジアに進出するようになっていった。

黒田東彦体制での量的・質的金融緩和も、日本企業の海外流出を止めることはできなかった。11年に17％だった海外生産比率は17年には23％まで上昇している。円相場はその間、１ドル＝80円台から一時１２５円台まで円安が進んだ。円安誘導による輸出主導での景気回復は、この頃から実現しなくなっていた。

見逃せないのは、アジアのライバルである韓国や台湾は、リーマン・ショック直後に大幅な通貨安となっていたことである。日本円はリーマン危機が勃発した08年9月から同年末にかけて対ドルで2割ほど円高になったが、韓国ウォンは半年で3割以上も下落し、台湾ドルも半年で1割ほど安くなった。韓国と台湾はリーマン危機による景気悪化で通貨が売られたが、日本は逆に通貨高になった。

日本は海外に多額の外貨資産を持つ世界最大の純債権国である。経済危機が起きると、外貨建て資産を円資産に換えて持っておこうという動きが発生しやすい。円は「安全通貨」という位置づけでもあり、投資マネーが円に逃避する流れも起きる。東日本大震災後の猛烈な円高もこの構図だった。

逆にリーマン・ショック後に通貨安となった韓国は、輸出の拡大によって主要国間でいち早く景気回復に転じていく。

サムスン電子の世界半導体市場でのシェアは08年の7%から21年には14%まで高まり、日本勢の衰退と対象的な結果となった。台湾でも鴻海精密工業がアップルの受託工場として急成長し、売上高を2兆台湾ドルから6・6兆台湾ドルへと大きく伸ばしている。

私が23年初頭に東京で会った台湾の半導体メーカーの幹部は「日本の製造業の衰退は円高がすべて。その間、韓国も台湾も通貨安の状態にあり、我々はほくそ笑んでいた」と言い切った。日米金利差による円高・ドル安が日本企業の逆風となったのは確かだが、そこにはさらにアジアの通貨安という重層的な要因もあった。

世間の感覚はマヒしていた

「自身の総裁任期中の政策をどう評価しますか？　日銀の行動が遅い、あるいは金融緩和の規模が小さいという指摘がありました」。私は白川氏が総裁を退任してから9年近くがたった21年12月に同氏を訪ね、率直にそう聞いた。同氏は青山学院大学の特別招聘教授として学究の場にいた。

白川氏は「日銀批判をかわすことが目的であれば、大胆と映る金融緩和をやればいい。ただ、そうした政策の効果は限定的だと思っていた。予想されるリスクや副作用を考えると、マネージできると考える域を超えて大規模に行うことは職業人として取りえない選択だった。今では誰もデフレが『貨幣的現象』とは言わないし、物価が上がれば日本経済の難題が解決するとは思っていない。残念だが、現実に中央銀行がバランスシートを拡大してみなければ、社会がそれを学ぶのは難しかったということかもしれない」と率直に答えた。

白川日銀は、金融緩和に消極的だという世評を常に浴びていた。利下げ幅がない中でリーマン・ショックに突入し、ＦＲＢの実験的な緩和策と比べて、どうしても出遅れたような印象が拭えなかった。

実際には「包括緩和」を導入した10年10月以降、白川日銀は金融政策決定会合を12年末までに31回開き、そのうち8回で追加金融緩和を決断している。4回に1回というペースでの緩和拡大は、前例のないものだった。資産買い入れの増額幅も5兆～10兆円と小さくなかったが、それでも追加緩和を繰り返すうちに世間の感覚はマヒしていった。

私はそのころ、金融取材の現場を統括するキャップを務めていたが、追加緩和を特報してもその原稿の扱いは徐々に小さくなっていった。包括緩和による国債買い入れ枠は、制度開始時の1・5兆円から12年末には44兆円になっていた。

白川体制の5年間で、政策金利は0・5％からゼロに引き下げられた。もともと金融緩和の余地はほとんどなかったが、それでも長期金利は1・6％から0・5％へと下がった。民間銀行の貸出金利（平均約定金利）も1・6％から0・9％と下がり、融資残高は401兆円から426兆円と増えた。

先述した通り、銀行融資が急収縮した米国に比べ、日本の金融環境は緩和的だったといえる。それでも円相場は1ドル＝100円前後から80円台へと円高基調が続き、それが白川日銀の最大の逆風となった。

8 永田町からの逆風

ポピュリズムの高まり

もう一つの逆風は、日銀を攻撃対象とする経済ポピュリズムの高まりだった。民主党政権は円高批判を日銀に転嫁するようになり、アンチ日銀の経済学者集団であるリフレ派が永田町で注目されるようになる。浜田宏一氏や岩田規久男氏らリフレ派勢力は、12年の自民党総裁選に立候補する安倍晋三氏にも影響を及ぼしていく。

金融政策をやり過ぎれば、長期的には経済を不安定にする。白川氏がそうした信念を丁寧に語ろうとすればするほど、攻撃的なリフレ派とそれを支える安倍氏から日銀は徹底的に敵視された。日銀審議委員も務めたことがある中原伸之元東燃社長は、安倍氏と30年来の仲だ。中原氏は安倍氏に対して「政府が日銀総裁を罷免できるような日銀法の改正が必要だ」と訴えた。中原氏は日銀が金融政策の独立性を得た98年に審議委員となったが「結果を出せなければ独立性が脅かされるのは当然だ」という考えだった。

第2章で詳述した通り、12年12月の衆院選は、金融政策運営が争点となる極めて異例な展開となった。自民党は選挙戦で「明確な物価目標（2％）を設定し、その達成に向け、日銀法の改正も視野に、政府・日銀の連携強化の仕組みを作り、大胆な金融政策を行います」と政権公約に明記していた。安倍氏は11月17日の熊本市内での遊説で、こんな発言を繰り出して物議を醸した。「建設国債はできるだけ日銀に全部買ってもらう。これによってマネーが強制的に市場に出て行くことになる」

白川氏は直後の20日の決定会合後の記者会見でこう答えている。同氏は決定会合後の時間を全面的に使って、常に自ら想定問答を書き上げていた。日銀総裁は情報発信の機会が限られており、一字一句たりとも無駄にしたくないという思いがあった。私もこの記者会見に参加していたが、記者団とのやりとりは普段以上に白熱した。

――自民党の安倍総裁が日銀に対して「2～3％のインフレ目標を設けて無制限に金融緩和を

求める」「建設国債をできれば日銀に全部買ってもらう」と発言している。総裁の考えを聞きたい。

「質問の安倍総裁のご発言について、詳細を承知しているわけではありませんので、具体的にコメントすることは差し控えたいと思います」と白川氏はまず返答したが、そのまま「一般論として」と自身の意見を表明した。

「日本銀行の考え方は、現在ゼロ％近傍で推移している消費者物価について、当面プラス１％を目指して、最大限の努力を尽くすということです。日本銀行は積極的な金融緩和政策を実施してきているところであり、日本銀行による大量の長期国債の買い入れが、財政ファイナンスであるという誤解が生じると、長期金利が上昇し、財政再建だけでなく実体経済にも大きな悪影響を与えることになると思います」と答えていった。

ところが、白川氏の次の発言に安倍氏は強い不快感を示すようになる。「日本銀行は、極めて多額の国債の買い入れを行っています。中央銀行による財政ファイナンス、あるいはそれを端的に表した国債の引き受けですが、これは、先進国でそうしたことが行われていないということだけでなく、発展途上国でも、例えば、ＩＭＦも中央銀行制度に関する助言を行う際に、行ってはならない項目リストの最上位に掲げるようなものです。これは、中央銀行が、その通貨を発行する権限をバックに、国債の引き受け、あるいは引き受け類似の行為を行っていくと、通貨の発行に歯止めが利かなくなり、その結果様々な問題が生じるという内外の歴史の教訓を踏まえたものだと考えています」

白川氏は一般論と断った上で、安倍氏の発言に反論した。財政ファイナンスがもたらす悪影響を歴史的な見解を踏まえて説明しつつ、安倍氏が主張する建設国債の日銀引き受けについては「先進国はおろか、途上国ですら禁じ手にしている」と明確に指摘したものだった。白川氏は「通念の破壊者」とされた小宮隆太郎元東大教授に師事してきた。中央銀行のトップとは、ときには政府に対しても毅然とした発言を求められる局面があると常に胸に秘めていた。

ところが、こうした発言は安倍氏の闘争心に火を付けた。勇ましさは復権を目指す安倍氏のこのときの一つのスタイルだった。同氏はフェイスブックに浜田宏一エール大名誉教授からもらったファクスの文面をそのまま掲載し、猛然と反論する。

浜田氏はこう記していた。「日本経済の望ましくない症状として、デフレ、円高という貨幣的な症状が出ているのですから、それに対するのは金融拡張が当たり前の処方箋です。政策手段としてはインフレ目標が望ましいと思います。人々のデフレ期待が定着している日本経済に活を入れるのは、安倍総裁の2～3％がまさに適当といえると思います。デフレ脱却には、日銀の国債引き受けでもいいですが、それが強すぎるというのなら、総裁のおっしゃったように日銀が国債を大規模に買い入れればよいのです」

安倍氏と浜田氏は、山本幸三衆院議員が立ち上げた議連を通じて意見交換する仲だった。浜田氏は白川氏が東大3年時の指導教官でもある。白川氏が師事するのは4年時のゼミ教官であった小宮隆太郎氏だが、浜田氏の反論ファクスによる演出は、指導教官と教え子という関係を利用したものだった。

自民党が大勝

12年12月16日、無制限の金融緩和を訴え続けた安倍自民が大勝する。自民党は294議席を獲得し、公明党も合わせて議席数の3分の2を超える圧勝となった。日銀は「3分の2を超えるほどの勝利にはならない」と予測していたが、地滑り的とも言える大勝になった。国民の大多数が金融政策に関心を持って投票したわけではないだろうが「金融緩和の拡大はその瞬間に民意となった」(日銀関係者)

第2次安倍晋三政権が発足したのは年の瀬も迫った12月26日だ。自民党は3年ぶりに政権に返り咲き、その圧勝を導いた「安倍相場」の勢いをどう高めていくかが最初の課題になった。政治的に必要なのは、これまで以上の金融緩和にほかならなかった。副総理兼財務相に就いた麻生太郎氏と、経済再生相としてマクロ経済政策の司令役となった甘利明氏が、政権を代表して日銀対策を担当することになった。

衆院選直後の12月18日、白川方明日銀総裁は、東京・永田町の自民党本部を訪れている。4階総裁室で安倍晋三氏と会い、金融政策を巡る間合いを直接計ろうとしていた。安倍氏は「無制限の金融緩和」を訴えて衆院選を勝ち抜いたが、それはあくまで選挙戦向けのポーズかもしれない。

政権を奪取してしまえば日銀への対処も変わってくるのではないか。当時の一部関係者にはそんな思いもあった。06〜07年の第1次安倍政権下で日銀は0・25％から0・5％へと利上げに踏み切っている。そのとき安倍政権は基本的に黙認していた。

そうした日銀内にあった楽観論は、この安倍氏と白川氏の会談で打ち砕かれることになる。安倍氏は「2％の物価目標に向けて、日銀と政策協定を結びたい。日銀は選挙結果を受け止めて適切な判断を下してほしい」と直裁に要求した。この日の面談は白川氏による挨拶という名目でセットされ、予定時間はわずか5分だった。ところが、その会話は安倍氏による一方的な日銀への要求で占められ、最終的に時間は15分に伸びた。

日銀は19〜20日の金融政策決定会合で、2％のインフレ目標の設定を視野に、政府との政策協定の検討に入ることを決める。安倍氏の政治圧力をそのまま受け入れたものだった。日銀総裁の罷免権を盛り込んだ法改正が実現してしまうと、日銀は1998年に得た金融政策の独立性を失うことになる。白川氏は目先の独立性を犠牲にしても、恒久的な独立性を守ろうと判断した。

私はこのとき、日本経済新聞の金融担当キャップとして、白川氏の単独インタビューに臨んでいる。第2次安倍政権が発足して2日目の12月28日のことだった。白川氏はこのときも、入念に回答を準備していた。

私は安倍政権が求めるインフレ目標の導入を1月の次回会合で決定するのかまず問うた。その頃の日銀は「物価安定のメド」という表現で、当面は1％の物価上昇率を目指すとしていた。

白川氏は1％か2％かという数値については「次回会合でしっかり議論する」と言明した。その上でデフレ脱却とは「景気を良くするということにほかならない」と述べて、それには「成長力の強化と金融面からの後押しの両方が必要だ」と強調した。

このときのインタビューは、インフレ目標の是非から中央銀行の独立性へと話題が続き、経済成長をどう実現するかという本質論にまで広がった。私は「米欧に比べて日銀の緩和規模が小さいとの批判がある」と指摘してみたが、白川氏は「マネタリーベース（資金供給量）で日米欧を比べても、日本は国内総生産（GDP）比で最大だ。リーマン・ショック前の07年からの増加額でみても、日本は対GDPで9・6％、米国が10・7％、欧州が8・8％でほとんど変わらない。量でみても緩和規模が小さいという批判は当たらない」と反論した。

安倍官邸と白川日銀は政策協定の策定に向けて議論を開始した。白川体制の最後の大仕事となった。安倍官邸が求めたのは「2％のインフレ目標を2年で達成する」と協定に明記することだった。

2％のインフレ目標は既に国際標準の一つになりつつあった。米国では12年、バーナンキFRB議長の主導で2％の物価目標を制定している。英国はさらに古く1992年から2％のインフレ目標を敷いており、ECBも「2％近辺で2％未満」という目標を入れている。白川日銀も内々では2％のインフレ目標の導入をすぐさま受け入れた。

白川氏が受け入れを拒んだのは「2年で」という期限の設定だった。2年という期限が重要視されすぎれば、金融緩和は過大になるリスクがあった。1980年代後半のバブル期も、日本の消費者物価指数は0・6%(86年)、0・1%(87年)、0・7%(88年)しか上昇していない。この低インフレが金融引き締めの出遅れを招き、バブルを助長したという反省が白川氏にはあった。FRBも物価目標は「長期のゴール」という設定になっていた。主要中銀で2年という期限を設けてインフレ目標を設定している国はどこにもなかった。

政策協定という建て付けにも白川氏は反対した。日銀の金融政策の独立性がその時点で損なわれると考えたからだ。政府側もこの点については白川氏の主張を受け入れ、政府と日銀による共同文書は政策協定ではなく共同声明という建て付けになった。

日銀は2%インフレの達成時期の目標を「中長期で」と打ち返した。こうした日銀の姿勢が報じられると、今度は安倍氏が断固として拒否した。山本幸三衆院議員や本田悦朗内閣官房参与、中原伸之元日銀審議委員といったリフレ派は、日銀法改正をちらつかせて白川日銀に圧力をかけるよう安倍氏に迫っていた。安倍氏は首相就任後も「日銀法改正は今でも視野に入っている」と繰り返し表明し、日銀をじわじわ追い詰めていった。

安倍政権が日銀法改正を正式に俎上《そじょう》に載せるようなら、白川氏は抗議の辞任もやむを得ないと考えていた。白川氏には旧知の友人や政策当局者から、メールや電話、手紙などで多数のメッセージが寄せられていた。関係者によると「FRBやECBといった海外中銀からも日銀の踏ん張りを期待する声が届いていた」という。先進国中銀の一角である日銀が政治圧力で独立性を失えば、その流れはドミノのように海外に広まる可能性がある。17年のトランプ米政権の発足のように、主要国の政策当局はどこもポピュリズムとの闘いのさなかにあった。白川氏は同じプロパーの山口広秀副総裁とともに、日銀法改正というシナリオをいかに避けるかということに注力するようになる。その最後のカードは総裁ポストの辞職だった。

日銀のささやかなる抵抗

政府と日銀の共同文書が最終確定したのは13年1月14日だった。成人の日だったこの日、東京は記録的な大雪になった。

東京・赤坂にある日銀別館「氷川寮」には、白川氏や麻生太郎財務相、甘利明経済再生相らが集まっていた。氷川寮は小高い丘の上にあり、クルマは長い急坂を上がらなければならない。参加者の1人は大雪でクルマがスリップしたのを覚えている。

インフレ目標の達成時期は「できるだけ早期に」で決着した。白川氏がもう一つこだわった文面は「金融面での不均衡の蓄積を含めたリスク要因を点検し、経済の持続的な成長を確保する観点から、問題が生じていないか確認していく」という部分だった。過度な円安や不動産価格の上昇があれば、2%インフレに達していなくても緩和政策を転換できるよう「脱出ルート」を用意した。

白川方明総裁は安倍政権と2％インフレを目指す共同声明を発出した

日銀は1月21日の金融政策決定会合で政府との共同声明を正式に決定した。白川氏は麻生氏、甘利氏とともに首相官邸を訪れ、安倍氏に共同声明文書を手渡した。

日銀はこの日の儀式をもともと東京・内幸町の帝国ホテルで開催するよう求めていた。「永田町や霞が関と、日銀がある日本橋本石町のちょうど中間点」というのがその理由だった。要は政府と日銀の対等な関係を示す狙いがあった。独立性を脅かされたことへの小さな抗議であったが、その日銀の要求も安倍官邸にはねのけられた。安倍氏は首相官邸で記者団に対して「物価目標が一日も早く実現されるよう日銀が責任をもって努力してもらいたい」と話した。安倍官邸と白川日銀の攻防は、首相側の要求をほぼ受け入れて終わった。

2週間後、白川氏は首相官邸に出向いて、任期切れ直前の13年3月に辞任すると申し入れた。5年前の人事騒動で、総裁の任期と副総裁2人の任期が3週間ほどずれていた。白川氏は記者団に対して「総裁、副総裁の新体制が同時にスタートできるよう職を辞すると首相に申し上げた」と話した。私も含めて額面通りに受け取る関係者はほとんどいなかった。

白川氏が腐心した「できるだけ早期に」という2％目標の達成期限は、後を継いだ黒田東彦氏にあっさり消されてしまった。日銀は自ら「2年で2％のインフレ目標を達成する」と宣言して大規模緩和に打って出る。当時、大論争を巻き起こした政府・日銀の共同声明も、10年後にはすっかり形骸化してしまった。

第5章

デフレの始まり、速水氏・福井氏 1998〜2008年

1 新日銀法下の独立記念日

祝福ムードなき初会合

1998年4月1日は、日銀の「独立記念日」といえる一日だった。同日施行された新日銀法は「日本銀行の通貨及び金融の調節における自主性は、尊重されなければならない」（第3条）と記していた。大蔵省の管轄下にあった日銀が、世界の潮流である中央銀行の独立を勝ち得た瞬間だった。

新日銀法下での初代総裁には、日銀から日商岩井に転じて経済同友会の代表幹事を務めていた速水優氏が就いた。クリスチャンである速水氏は執務室に聖書を持ち込むほどの信心深さであった。当時72歳。日銀を離れて17年がたっていたが、総裁の本命候補だった福井俊彦前副総裁が日銀接待汚職事件の監督責任で辞任。民間での経験も豊富な速水氏が急きょ呼び戻された。

新日銀法を巡る議論のきっかけは、95年の大蔵不祥事と住専問題にあった。

経営破綻した東京協和信用組合の高橋治則理事長（後に背任容疑で逮捕）から、2人の大蔵官僚が過剰接待を受けていたことが発覚。そんな最中に住宅金融専門会社の巨額不良債権問題まで

速水優総裁は新日銀法施行後の中央銀行の独立性を重視した

明るみになり、6850億円の公的資金注入を迫られることになる。国民の不満は政治に向かい、自民、社会、さきがけの3党連立与党は「大蔵省改革問題プロジェクトチーム」を立ち上げて、その怒りの世論を使って大蔵省解体を仕掛けようともくろんだ。その一環として出てきたのが、大蔵省の実質管轄下にあった日銀の独立だった。

旧日銀法は戦中に生まれた。もともと戦費調達が目的であり、蔵相が日銀を監督し、蔵相は日銀総裁の解任権や業務命令権なども持つ仕組みとなっていた。

ある財務省幹部は「そもそも日銀の政策変更の文書は大蔵省で書いていた」と述懐する。総裁ポストも日銀と大蔵省が交互に人材を出す「たすき掛け人事」が公然と行われていた。その大蔵省の巨大権限を剝奪して、大蔵不祥事とバブル崩壊の世論の怒りを鎮めようというのが、自社さ連立政権の日銀改革の起点だった。

日銀にとっても金融政策の独立は悲願だった。

日本のバブル経済を生んだ大きな要因は、１９８５年のプラザ合意後の内需喚起策にある。プラザ合意の目的は、双子の赤字に苦しむ米国を救済するため、米欧日で協調して基軸通貨ドルを切り下げることだった。結果的に日本は急激な円高となり、景気悪化を食い止めるために「政府が日銀に超低金利政策を強いた」（日銀ＯＢ）ことが住宅や株式といった資産バブルをもたらしたとされる。

98年に施行された新日銀法は、日銀の役割を「物価の安定を図ることを通じて国民経済の健全な発展に資する」ことと定めた。「日本銀行の通貨及び金融の調節における自主性は、尊重されなければならない」とも明記した。金融政策の決定は総裁、副総裁（2人）、審議委員（6人）の9人による合議制とし、政府からの参加は議案提出権と議決延期請求権だけを持つ政府委員（2人）に制限した。大蔵省の関与は予算の認可程度にとどめ、日銀に対する権限を大幅に縮小した。そうした戦後最大の中央銀行改革と同時に発足したのが、速水体制だった。

「今回は新日銀法の下で初めての金融政策決定会合となります。金融経済情勢と当面の金融政策運営に関する方針を検討します」

98年4月9日、日銀本店8階にある政策委員会会議室で開いた新法下で最初の決定会合。速水総裁はそう口火を切り、円卓に着座する8人の残る政策委員の顔をそれぞれ見つめた。

副総裁には日銀プロパーの山口泰氏、もう1人の副総裁は時事通信社のジャーナリストだった藤原作弥氏が就いていた。6人の審議委員の中には、2023年に日銀総裁となる植田和男氏(元東大教授)もいた。初回会合でもあり、政府委員として松永光蔵相、尾身幸次経済企画庁(現内閣府)長官も臨席していた。

華々しい新日銀の誕生ではあったが、同日の決定会合にその祝福ムードは全くなかった。日本経済は戦後最悪と言っていい苦境に立たされていたからだ。

97年には中堅証券会社の三洋証券が経営破綻し、その後に四大証券の一角だった山一証券、さらには都市銀行の北海道拓殖銀行まで破綻。バブル崩壊後の金融危機は底なしに近い窮状といえた。98年1~3月期の実質GDPも前期比4・8%減(年率換算)という大幅なマイナス成長だった。

4月9日の決定会合の3日前には、金融政策を管理する企画ラインの事務方から、各委員に「当面の金融政策運営上の検討ポイント」と題したペーパーが渡っていた。

(1)景気の現状をどう判断するか

(2)景気の先行きについて、下押しの力(①生産・所得・支出をめぐる負の循環②アジア経済の調整の影響）と、それを押しとどめる力（①すでに実施に移された特別減税・金融システム安定化策等②財政面からの景気対策③円安）を、それぞれどう評価するか

などと書かれ、最後に

（5）先行きのデフレ・スパイラルに陥るリスクをどう評価するか

と記されていた。初回会合の主目的は、先行きのデフレ回避に向けた追加緩和策の地ならしにあったといっていい。実際、参加者からはデフレ懸念への強い言葉が相次いだ。

「自動車の国内販売はほぼ12カ月連続で前年比2桁のマイナスという極端な落ち込みになっている。金融システム不安に端を発して、企業マインドや消費マインドが大きく悪化して、縮小トレンドに入ったということではないか」。お茶の水女子大教授から転じた篠塚英子審議委員はそう鋭く突っ込んだ。

後に日銀総裁になる植田審議委員は「インフレ率がほぼゼロ水準の中で設備投資の中期循環がマイナス局面に入ったとすると、そこからデフレ・スパイラルになる可能性もあるかと思う」と強く懸念した。

政策金利はこのとき既にわずか0・5％しかなかった。ただ、関係者によると、同会合で早くも利下げの可能性が検討され、量的金融緩和のアイデアもそこで出ていたという。

政府が正式にデフレ宣言を発出するのは２００１年。１９９８年に物価はマイナス圏内に突入し始めたばかりだったが、日銀内では物価下落が止まらなくなるデフレ・スパイラルへの警戒と

対策が早くから議論されていた。4月9日は金融政策の現状維持を決めたものの、新日銀はゼロ金利政策や量的緩和政策を視野に入れながら初回会合を終えた。

90年代前半が大きな転換点

91年のバブル崩壊後も、日本経済はなんとか持ちこたえていた。阪神大震災が発生して歴史的な円高に見舞われた95年ですら実質経済成長率は2・6%あり、96年も同3・2%を維持している。

これは、日銀が持っていた金融緩和余力の大半を出し尽くして得たぎりぎりの成果だったと言える。当時の政策金利は日銀が民間銀行に貸し出す際の金利である「公定歩合」だ。公定歩合はバブル崩壊の91年に6・0%あり、それを連続的な利下げで95年には過去最低の0・5%まで引き下げていく。実質ゼロ金利時代の到来だ。金融緩和による景気刺激効果は、ここから大きくそがれることになる。

地価はピークだった90年から大きく下落し始め、92年7月の基準地価(全国全用途平均)は、前年比3・8%の低下となった。地価はさらに下落テンポを速め、93年は前年比4・3%の低下となった。都市部ほど地価の落ち込みは激しく、東京圏は3年で下落率が25%、大阪圏も同39%に達した。

ところがこの間、すぐに民間銀行の不動産向け融資が縮小したわけではない。1980年時点で不動産向けの銀行貸出残高は7兆5652億円と全体の5・6％にすぎなかったが、バブルピークの90年には同42兆円、同11・3％まで急膨張している。ところがバブル崩壊後の95年には同57兆円、同11・8％とむしろ拡大している。

背景にあったのは、銀行が不良債権を隠すための「追い貸し」だ。不動産業は既にバブル崩壊で思うような利益が出なくなっていた。それでも、銀行が追加資金を出せば倒産はまぬがれる。銀行も融資先が倒産の危機に陥らなければ、損失を出さないで済む。バブル崩壊後にあったのは、地価回復を待つという大義名分に糊塗された問題の先送りにほかならなかった。

その追い貸しを可能にしたのが、日銀の超低金利政策だった。不良資産を大量に抱えた不動産会社は収益が上がらなくても、超低金利の追加融資を受けることで利払い費を抑えることが可能になった。この追い貸しは結果的には不良債権の山を膨らませることになる。大蔵省は92年時点で大手21行の不良債権額を12兆3000億円程度としていたが、バブル崩壊から15年で発生した不良債権は総額110兆円に膨らんだ。

日本経済にとっては、不良債権を膨らませた90年代前半の判断の遅れが、その後の歴史の大きな転換点となった。不良債権問題を先送りした理由は、まず日本経済の力強さへの過信があるだろう。日本は戦後の高度成長こそ終わったものの、その後のニクソン・ショックや石油危機といった世界経済の構造変化をきちんと乗り越えていた。政策当局も民間銀行も、地価はいずれ回復すると希望的な観測を持っていた。

一方で楽観論に頼らなければならないほど、不良債権問題はあまりに巨大で対処不能だった。国内銀行の本業の利益を示す「コア業務純益」は、91年時点で4兆円あった。それでも最終的な不良債権の処分損は98兆円に達しており、当時の収益力では自力処理はとても不可能だった。

公的資金を入れて不良債権処理に充てる法的スキームも当時は用意がなかった。92年には当時の宮沢喜一首相が銀行の不良債権処理について「必要なら公的支援もやぶさかではない」と発言して、公的資金の注入構想を明らかにする。日銀も三重野康総裁の命を受けた白川方明信用機構課長が93年、銀行の公的資金注入と受け皿金融機関を創設するアイデアを大蔵省に打診している。この時点で現在の破綻処理スキームにつながる構想が浮かんでいたものの「税金投入」に対する政治的なアレルギーは強く、公的資金による銀行資本の増強は実現しなかった。

金融政策面での支援策も未整備だった。米連邦準備理事会（ＦＲＢ）は２００８年のリーマン・ショック時にリスク資産を大量購入して金融仲介する「信用緩和」に乗り出した。銀行システムに潤沢な資金を供給する量的緩和のような「非伝統的政策」は、１９９０年前半時点でアイデアがなかった。

銀行への公的資金注入と破綻銀行の受け皿機関創設、さらには資金繰りを支える非伝統的金融政策が、90年代前半にそろって発動できていれば、その後の「失われた10年」はまた違った帰結になっていたのではないだろうか。

深刻な金融危機が表面化

先送りされた不良債権問題は、90年代後半になって深刻な金融危機となって表面化する。損失処理をだましだましで進めていたものの、90年代後半に銀行はついに資本の余力を失うからだ。大手国内銀行は90年代前半こそ保有株式の売却で利益を出してしのいでいたが、株式含み益がほぼ潰えてしまうのが97年頃だった。その後は銀行による「貸し渋り」や「貸しはがし」が始まり、健全な企業ですら十分な資金を確保できなくなる。国内銀行の融資残高は96年3月の536兆円をピークに減少を始め、2005年6月には375兆円まで縮小していく。

例えば98年に経営破綻した日本長期信用銀行は、94年3月時点で1兆1400億円の株式含み益があった。それがわずか3年後の97年3月には1000億円まで減ってしまう。不良債権処理に充てるための「益出し」は、ここで限界を迎えることになる。

国際業務を担う銀行には8%の自己資本比率が求められる。大手銀行は株式含み益がなくなると同水準を維持できなくなり、自己資本比率の分母である貸し出しを減らすことで8%をなんとかクリアしようとする。長銀は98年3月までの1年間で、11兆5000億円ある健全先の国内貸し出しを、1割強にあたる1兆5000億円ほど圧縮する計画を立てた。いわゆる「貸しはがし」だ。それによって浮いた資金を、関連ノンバンクの追い貸しに充てていた実態ものちに判明している。

株式含み益と日銀の低金利政策でなんとか不良債権問題をしのいできたのが90年代前半だっ

た。その余力が失われると、今度は貸し渋りと貸しはがしによって、日本の金融システムは大収縮時代に入る。こうなると日銀がどれだけ低利マネーを供給しても、実体経済には行き渡らない。そもそも政策金利はすでに0・5％まで下がっており、追加金融緩和の余地もほとんどなかった。90年代後半になると、日銀の金融政策は金利チャネルと信用チャネルという二つの経路とも機能不全に陥ってしまった。

金融の大収縮は、日本経済が長期的な成長力を損なう原因となった。日本企業には成長資金が十分に行き渡らなくなり、設備投資は98年に前年比1・3％減、99年も4・8％減と大きく落ち込んでいく。日本の国際競争力の源泉だった製造業も、91年時点で22兆円あった設備投資が2002年には10兆円を割り込む水準まで減ってしまう。後述するが、物価が持続的に下落していくデフレも、この98年に始まることになる。

2000年前後の世界経済は、中国が世界貿易機関（WTO）に加盟するなど大きくグローバル化にカジを切った時期だった。日本勢はこの間、成長投資に充てる資金を十分に得られず、結果として急成長するアジア新興勢に後れを取るようになる。日本の金融大収縮は、長期的な国際競争力の低落の一因ともなった。

リーマン・ショックに襲われた米国でも金融危機が発生した。米国の企業向け融資は08年11月から減少して金融収縮が起きたものの、2年後の10年10月には融資が底を打って上昇に転じている。米国の銀行システムは2年で負の遺産の処理を概ね終えており、その後の急ピッチな景気回復につながった。米国は日本のバブル崩壊後の不良債権問題と金融システムへの対応を十分に研究しており、公的資金注入などの対処が素早かった。ただ、米国はその代償として失業率が一時的に10％まで上昇し、雇用喪失という痛みを負うことになる。米国経済は一時的な落ち込みを許容してそれを跳ね返すレジリエンスが特徴だ。日本は目先の安定を重視する余り、長期的な反発力も乏しくなる傾向が強い。日本の１９９０年代の不良債権問題が峠を超えるのは、２００３年の「りそなショック」まで待つ必要があった。結局、バブル経済の処理に10年以上も要することになった。

2 長銀ショック

「大銀行19行ですら、デフォルト（債務不履行）を起こしかねないという、考えられもしなかったことが現実化しつつある。景気や物価が下振れをするリスクはかなり高まってきている」

日銀の速水優総裁は、１９９８年9月に開いた金融政策決定会合で極めて厳しい情勢認識を示していた。日銀はこの会合で新日銀法下での初の利下げに踏み切り、政策金利（翌日物コールレートに変更）を過去最低の０・25％に引き下げた。

98年6月には日本長期信用銀行（現ＳＢＩ新生銀行）の経営危機が表面化した。前年には山一証券や北海道拓殖銀行が経営破綻している。長銀は総資産26兆円と拓銀の3倍規模に相当し、無策のまま経営破綻すれば金融システムは一気に決壊しかねなかった。

速水総裁は9月の同会合で「資金量20兆円もの大銀行がつぶれたケースは過去にあまりないわけで、つぶれるような事態になれば、その連鎖反応は相当大きい。ドミノ現象のような状態が起きることは間違いない」と強く警戒した。

しかし、この程度の金融緩和で日本の銀行危機を食い止められるわけではなかった。前述したように、大手銀行は追い貸しのフェーズから、自己資本を守る貸し渋りに転じており、国内金融は大収縮時代に入っていたからだ。

政府による銀行の公的管理を可能にした金融再生法が成立したのは10月12日。長銀はすぐさま破綻処理され、一時国有化が決まった。12月13日には同じ長信銀である日本債券信用銀行（現あおぞら銀行）も経営破綻して一時国有化に追い込まれる。

日銀が12月15日に開いた決定会合では「残された金融機関がこの処理パターンをみてより厳しく資金を回収する結果、企業の資金調達がさらに苦しくなるのではないか」（篠塚英子委員）との懸念が噴出した。「再建計画の内容が再び不良債権処理の先送りになるのではないかと懸念される先があるし、まだ再建策の見えないゼネコンもある。警戒を解ける状況にはない」（三木利夫委員）。「明年度にかけてはデフレ色が一段と強まるなかで、構造調整を行うという胸突き八丁に来ると思う。金融も再編成はもちろんとして、ハードランディングも覚悟しなければならないと判断している。来年度は恐らく企業リストラの正念場になると思っている」（中原伸之委員）。各委員は金融大収縮を目の当たりにしていた。

日銀政策委員会の懸念は当然だった。98年の実質成長率はマイナス１・３％となり、戦後最大の景気悪化となっていた。

3 デフレがやってきた

98年夏の「価格破壊」には、まだかすかに世相の明るさが残っていた。

マクドナルドはハンバーガーを平日限定で65円に値下げして、外食市場に大衝撃を与える。同社のハンバーガーの価格は95年時点で２１０円だったから、わずか3年で70％も値段を下げたことになる。ユニクロが原宿店を出して１９００円のフリースを全国的なブームに仕立て上げたのも98年だった。この年の飲食業や流通業の「価格破壊」は消費者の大行列を呼んだ。

ただ、長期的にみれば、価格破壊は消費を喚起する「良い物価下落」とはならなかった。速水日銀がスタートして間もない98年7月、消費者物価指数は前年同月比でマイナス０・１％に転落する。99年11月にはマイナス1・2%まで落ち込み、本格的なデフレに入ろうとしていた。

良い物価下落とならなかったのは、賃金まで下がってしまったからだ。売り上げの減った企業は賃金をカットすることで利益と雇用を保とうとする。98年度の1人当たり雇用者報酬は前年度比で1・3%も減り、統計開始の56年度以降で初めてマイナスとなった。その後、雇用者報酬は6年度連続で減少。98年の日本経済は物価と賃金がともに下がる長期デフレの始まりとなった。

98年は、日本の金融政策論に強く影響を与えた論文が発表された年でもあった。第2章で紹介したように、2008年にノーベル経済学賞を受賞するポール・クルーグマン氏(当時はプリンストン大教授)の"Japan's Slump and the Return of the Liquidity Trap (日本の不振と流動性の罠の復活)"がそれだ。主要国で戦後初めて本格的なデフレに突入しようとしていた日本は、米国の主流派マクロ経済学者の「好奇心を大いに集めた」(ベン・バーナンキ氏)のだ。

「現代のマクロ経済学者は流動性の罠を考えてこなかったし、考えるにしても流動性の罠は起こらないというのが基本だった。ところが世界2位の経済(日本)でそれが起きてしまった。日本経済は1991年以降、不振が続いており、さらに深い景気後退へと転落しつつある」。クルーグマン氏は論文でそう指摘した。

流動性の罠とは政策金利がゼロ近辺になって金融政策が効かなくなることだ。

中央銀行の伝統的な金融政策は、一定の金利水準を目標値に設定して、その政策金利目標を保つことにある。当時の日銀の政策金利は「無担保翌日物コールレート」と呼ばれる銀行間取引金利で、98年末時点では0・25%が誘導目標だった。

銀行間金利は日銀が誘導目標を宣言すれば自動的にそう決まるものではない。政策目標の水準へと取引金利を誘導するために、民間銀行などから債券などを買い入れて市場に資金を供給してきめ細かく調整することになる。これを「公開市場操作」あるいは「オペ」と呼ぶ。

金融政策が実体経済を刺激する仕組みはこうだ。民間銀行は金利がある債券を売って金利のない現金をもらうような作業になるため、中央銀行から手に入れた現金は投資などに回して利回りを得る必要が出てくる。金利が下がれば債券を売って現金をもらうことが簡単になるため、銀行はより手元に資金を置いて融資や投資に回すことも容易になる。企業にとっても低金利で資金を借りられるようになるため、マネーが経済全体を巡りやすくなる。

ところが、政策金利がゼロになると、こうしたプラスの循環が途端に止まってしまう。民間銀行はゼロ金利の債券を売ってゼロ金利の現金を得ることになる。こうなると、民間銀行は中央銀行から得た現金を投資などに回さなくても損しないため、融資や投資が喚起されなくなって緩和効果が出なくなってしまう。融資や投資には一定の損失リスクがある。現金のまま持っていれば、銀行は少なくとも損はしない。こうして銀行部門に資金が滞留して経済に出回らなくなることを「流動性の罠」と呼ぶ。

日銀は当時、91年時点で6・0%もあった政策金利を0・25%まで下げて奮闘していたが、98

年にはデフレに突入してしまった。クルーグマン氏は、金利が下がりすぎてしまって日本経済は逆に金融緩和が効かない状態にあると指摘したのだ。

クルーグマン氏の論文は、その解決策も提示している。「中央銀行は無責任である、ということを信頼できる形で約束すること」を日銀に推奨する。これでデフレから抜け出すというのはどういう意味だろうか。

そこにはまず、第2～3章で先述したゼロインフレのノルム（社会通念）を思い起こしてほしい。家計も企業もずっと物価は上がらないと思っているので、実際に値上げは起こらず賃上げも起こらないという「合成の誤謬」だ。クルーグマン氏は、このゼロインフレのノルムの大元には「インフレになれば日銀は必ず金融を引き締めて物価を抑制するだろう」という中央銀行への信頼があるとみる。そのため、同氏は日銀に対して「無鉄砲といえる手段も含めてあらゆる政策をやり続けてインフレを引き起こす、と宣言する」よう求めるのだ。これが「無責任であることの約束」だ。こうなると、企業家も生活者も「これはさすがにインフレになるに違いない」と信じ込んで、実際に値付け行動が変わってインフレが自己実現するという発想だ。

確かに、今まさにゼロ金利・ゼロインフレの状態にあっても、来年は2％インフレになると思えば、実質金利はマイナス2％になるので資金を借りて投資しようという動機が生まれるかもしれない。先行きのインフレ予想を引き上げて実質金利を引き下げ、それによって投資が動き出せば「流動性の罠」から抜け出せる。それがクルーグマン氏の見立てだった。

そこには、マクロ経済の主流派学者が提唱する「合理的期待形成」という仮説があった。同論文でクルーグマン氏は、やや冗談めかしながらも「4%のインフレを15年続けるという目標を掲げてみては」と提案している。それくらい過激な政策方針を掲げれば、さすがに誰もがインフレがやってくると信じ込むだろうということだ。クルーグマン氏が論文を発表して15年後、その理論を実行に移したのが黒田体制の異次元緩和だった。

もっとも、クルーグマン氏の主張にはいくつかの欠点があると指摘されていた。一つは、日銀が野放図な金融緩和を宣言するだけで、誰もがインフレになると信じ込めるものなのか、ということだ。世界の中央銀行はインフレ期待を高めるためのツールとして、2%の物価目標を打ち立てている。日銀も13年にインフレ目標を設置した。これで誰もが将来は物価が2%になると信じれば良いが、実際には2%目標を知っている生活者は25%しかいない(22年12月調査)。主流派経済学者の合理的期待形成は「個人はあらゆる情報を入手して合理的に未来を予想する」ことを前提にしている。日銀の「無責任な約束」が全員に行き渡らないなら、合理的な期待は発生しない。

実際、クルーグマン理論を実践した異次元緩和が必ずしも想定通りの成果をみせなかったことから、クルーグマン氏も15年には“Rethinking Japan”(日本問題を再考する)と題したコラムを米紙ニューヨーク・タイムズに掲載して考えを修正することになる。同氏は「金融緩和が直面する問題は思った以上に難しい。需要の弱さは、本質的に永続的な状態とみえるからだ」と指摘して、１９９８年時点の主張を転換している。

とはいえ、98年当時のクルーグマン氏の主張には多くの経済学者が賛同した。のちに安倍晋三首相らに強い影響を与える岩田規久男氏ら「リフレ派」がその代表格だ。クルーグマン氏はその後の「リフレ派」の理論的支柱となり、２０２３年の黒田総裁の退任まで25年の長きにわたって、日銀の政策を大きく左右することになる。

黒田氏もクルーグマン理論の信奉者で、05年に出した自著でクルーグマン氏の論文を「簡単な理論的枠組みを使って、重要な政策的含意を導き出しているすばらしい論文」と絶賛している。クルーグマン氏はその後、具体的な手段として量的緩和政策の導入などを訴えていくようになる。主要国では極めてまれな長期デフレに転落していく日本は、米国の主流派マクロ経済学者にとって自らの理論を試す格好の実験場だった。

日銀の白川方明氏はのちに、それを「米国のソフトパワーをひしひしと感じた」と振り返っている。米国はハリウッド映画に代表されるソフトパワーでアメリカ文化を喧伝し、世界にアメリカン・ドリームを振りまくことで米国のモノやサービスを輸出する基盤を築いてきた。経済理論というソフトパワーも、米国の経済覇権を維持する大きな基盤となる。米国の経済政策の影響を常に受け続ける日本。白川氏はその歴史を皮肉って言ってみせたのだ。

4 主要国初のゼロ金利政策

ゼロ金利の葛藤

話を速水日銀に戻そう。1999年に入ると金融危機はさらに深刻になり、デフレの深度も増していた。その上、金融市場では98年12月下旬に長期金利が2％台まで跳ね上がる国債市場の大混乱があった。今でも「運用部ショック」として語り継がれる金利急騰劇で「大蔵省が資金運用部による国債買い入れを停止する」と伝わったことがきっかけだった。

直前の98年11月には、米格付け会社のムーディーズが日本国債の格付けを最上級から引き下げている。政府の経済対策で国債の大増発も避けられなくなり、国債消化への懸念が台頭した。円高や株安にもつながって市場は大いに緊迫していた。

「ボンドマーケット（債券市場）の反乱だ。パニック的な状況に陥り、長期金利が大暴騰する危険もぬぐえない」（中原伸之委員）。99年1月19日の金融政策決定会合では、日銀政策委員から懸念の声が噴き出した。新日本製鉄（当時）出身の三木利夫委員は「金融政策が当面考えなければならない問題は、デフレ・スパイラルと長期金利の跳ね上がりへの対応になる」と主張し、追加緩和が不可避との認識をにじませていた。

日本の市場不安をどう止めるか。裏で動いたのは米国のクリントン政権だった。

クリントン大統領は98年、中国に9日間も滞在して江沢民・国家主席らと会談しながら、同盟国の日本に立ち寄らず「ジャパン・パッシング」と問題になった。当時、日本と米国は半導体や自動車の貿易摩擦の真っ最中で、クリントン氏にとって対日圧力こそが政権維持の1つの原動力となっていた。

ところが米国の対日圧力は想定以上に日本経済の弱体化を招いてしまう。日本の長期金利の急上昇は、ブーメランのように2つのルートで米国経済に打撃を与える可能性があった。

1つは世界金融危機を深めるリスクである。97年にはタイでアジア通貨危機が勃発し、98年にはロシアのルーブル危機、99年には南米危機と連鎖的な金融危機が起きていた。経済政策を重視するクリントン政権にとって、経済危機の先進国への波及はなんとしても避けたいシナリオだった。

もう1つは、米国債の急落リスクだった。「運用部ショック」で起きた日本国債の価格急落は、日本の生命保険会社の財務悪化に直結していた。日本の生保が収益確保のために米国債の大量売却に動けば、連鎖的に米国の財政運営にもヒビが入る。クリントン政権の最優先課題は、レーガン前政権が積み上げた貿易赤字と財政赤字の「双子の赤字」の解消だった。日本の経済不安がそのハードルとして立ちはだかろうとしていた。

ゴールドマン・サックス出身のロバート・ルービン財務長官は99年2月、自民党の実力者である加藤紘一氏に渡航先のスイスでこう圧力をかけたとされる。「債券相場の崩落を止めるため、日本は日銀による国債引き受けを検討してもらえないか」。長期金利の上昇に歯止めをかける強硬策だった。この米国からの圧力は、すぐさま自民党中枢に伝わった。

2月8日には、野中広務官房長官が記者会見で「日銀法や財政法で非常に困難な面はあっても、日銀は中央銀行として自ら市場の国債を買い取るなどいろいろな方途を講じて、現在の深刻な経済状態を打開する責任がある」と主張した。同氏は「まずは市中にある既発の国債を買い取ることが緊急の要務だ」と具体策にまで言及して「今週内にも日銀内部での協議を期待している」とも語った。

日銀は12日に金融政策決定会合を控えていた。野中氏は当時の小渕恵三政権で最大の実力者であり、その発言は極めて重かった。

ところが、速水日銀からすると、長期国債の買い入れは逆に採用できない選択肢となってしまった。政治の圧力に屈したようにみえてしまうからだ。日銀からすれば、与党からの長期国債の買い取り請求は、98年の新日銀法で勝ち得た「中央銀行の独立」を大きく揺さぶる政治圧力と映る。独立性はなんとしても維持しなくてはならなかった。

政治的な金融緩和圧力がかかると、日銀はかえってそれに応えられなくなる。中央銀行の独立性を巡る政府・日銀のちぐはぐな関係は、今なお拭い去れない難しい構図だ。それでも小渕政権は2月12日の決定会合に経済企画庁長官だった堺屋太一氏を送り込んで「十分な流動性の確保に努められるなど、適切な運営をお願いしたい」と日銀に緩和圧力をしっかりかけた。

のちに日銀総裁となる植田和男審議委員はこのときの決定会合で「金利高あるいは円高の不安に対しては、普通に考えて金融政策の出番であると思う」と話し、以下の3つの選択肢を示している。①現状維持、②何らかの形で長期国債の市場に介入する、③オーソドックスな金融政策の手段を用いて緩和方向への動きをとる――がそれだ。

一方で各委員からは、政治の圧力に屈するような国債市場への直接介入論に拒否反応が相次ぐ。「国債の需要サイドからのホワイトナイト願望が非常に強い」(武富将委員)。日銀があたかも白馬の騎士のように現れ、大量発行された国債を片っ端からのみ込む。そんな期待への反発だ。速水総裁も、金融政策による財政赤字の穴埋めとみられて「財政節度を失わせ、将来、悪性インフレを招きかねない」と強く反発した。

それでも、日銀が無策のままやり過ごす選択肢はあり得なかった。金利急騰が金融安定化策や景気対策の効果を打ち消せば、景気回復の芽も失われる。「一応、金利の面で打つべき手がわずかながら残っている以上、打ち尽くしてみることが一つの選択として考えられるのではないか」。そんな提案をしたのは日銀プロパーで速水氏の右腕である山口泰副総裁だ。これは日銀企画ラインの筋書き通りだった。政界から高まる国債買い入れの圧力をかわすため、前例のない「ゼロ金利政策」に踏み切ることを執行部は事前に決めていた。

当時の政策金利は0・25%で、もちろん金利の下げ余地は限られていた。景気刺激効果も極めて乏しいとみられたが、政策委員はそろって「残された手を使い果たす」という決断に傾いた。最終的に議長の速水総裁の提案で歴史的な「ゼロ金利政策」の導入が決まった。

速水総裁は会合内で「短期金利を下げ、潤沢に資金を出すことにより、長期金利についてもおのずから間接的な影響が起きるであろう」と語り、債券市場の沈静化に期待を込めた。とはいえ、速水氏は「どの程度十分な効果を持つかは正直に申し上げて自信がない」とも話した。山口副総裁も「残念ながら、これこそ効果の大きい政策だと確信しながら打ち出すと言っているわけではない。走りながら考えるより仕方がない」と指摘している。

決定会合は8時間という長丁場となり、結局はいったん0・15%を目標にして「徐々に一層の低下を促す」という方針を決定した。「ゼロ金利」を公言したのは、速水総裁が会合4日後の記者会見で「ゼロでもいい」と語ったときだ。実質ゼロ%に到達したのは3月初旬だった。主要中銀で初めて決定したゼロ金利政策は、国債買い入れを拒むための妥協策として打ち出され、さらに誰もが効果に自信を持てないまま発動された。

禍根残したゼロ金利解除

結局、日銀には米国や政府の圧力で望まないゼロ金利政策に追い込まれたという思いが残っていた。98年に勝ち得たばかりの金融政策の独立性がゆがんだという思いも少なからずあった。政策効果についても誰もが確信を持てないままでいた。

2000年8月11日、日銀は1999年2月に始めたばかりのゼロ金利政策を解除してしまう。2000年の鉱工業生産指数は5・7％上昇し、11年ぶりの高い伸びとなっていた。デフレ脱却の一つの指標である「需給ギャップ」も1998年の大きな落ち込みからプラス圏に向けて改善していた。経済指標の持ち直しがゼロ金利解除の根拠だった。

ただ、その指標改善は当時の米国景気を過熱させたITバブルの産物にすぎなかった。速水優総裁は00年8月に入ると国会で「デフレ懸念の払拭が展望できた」と口走り、ゼロ金利解除を予言した。わずか0・25％の利上げだったが、この判断はのちに禍根を残す。

「1990年以降の10年間、ずっと下がり続けていた預金金利がここで初めて上がることに意味がある」。8月11日の決定会合では、序盤で事務方が金融経済情勢を説明している段階で、速水総裁は早くも「利上げ」に言及する。速水氏にあったのは金利引き上げが家計にプラスになるという発想だった。「金利生活者」「年金生活者」への思い入れが当時まだあったのだろう。

「会合で表明されるべきことを含めて多くのことが様々な場面で表明され、必要以上に混乱をもたらした」（田谷禎三審議委員）。「各新聞にあたかも本日の会合での解除が既に決まっているかのような報道がなされている。誠に不愉快極まりない」（三木利夫審議委員）。会合ではこんな不満も出たが、ゼロ金利解除に向けた流れは変わらなかった。「需要の弱さによる物価の弱さは大体解消しつつある。物価が弱含みで推移するなら、技術進歩要因とか流通構造の変化要因による部分が大きい」。そう議論を誘導したのは山口泰副総裁だった。

時期尚早という反対論もあった。植田和男審議委員は「まだ大きな水準の需給ギャップが存在している。適正金利は若干のマイナスか、ぎりぎりプラスになったくらいの可能性を否定できない。もう少しはっきりプラスになるまでゼロ金利を維持する議論に魅力を感じる」と主張した。植田氏がゼロ金利解除に反対票を投じたことが、23年後の総裁指名の一つの要素となるとは、このとき誰も思いもしなかった。中原伸之審議委員は「本年度第4四半期ごろから景気が後退する可能性が高い。早く量的な緩和を行って、一層の金融緩和を促進すべきだ」とこのころから量的緩和論を提唱していた。

速水総裁は最終的にはこう総括した。「成長率が著しく高まることは期待しがたいと思うが、少なくとも日本経済はデフレ懸念の払拭が展望できる情勢には至ったものと判断する。ゼロ金利政策を解除してコール金利を0・25%前後で推移させるようにすることが可能かつ適当な段階に至ったと考えている」

しかし、すんなりとゼロ金利解除は決定されなかった。当時の蔵相である宮沢喜一氏を筆頭に、政府・与党は日銀に「デフレ懸念が残るなかでゼロ金利政策の解除は時期尚早」と猛反対していたからだ。宮沢氏は日銀会合の直前に旧知の藤原作弥副総裁に電話を入れて「議決延期請求をしても通る見通しはないでしょうねえ。政府は物笑いになりますかねえ」とぼやきとも圧力ともとれる微妙な文言を投げかけている。

議決延期請求権とは、政府側が日銀の政策委員会に対して、次回の決定会合まで議決を延期するよう求めることができる権利だ。新日銀法では、日銀の政策判断に自主性を与える一方で、日銀の独善的な判断にはブレーキがかけられる仕組みも備えてあった。政府はこの請求権を行使しようと決めてあった。

8月11日の会合終盤、速水総裁がゼロ金利を解除する議長案をまとめる段になると、政府側はその最後の切り札を出す。「デフレ懸念の払拭が展望できる情勢になり民需中心の本格的な景気回復を実現するか、なお見極めが必要」(村田吉隆・大蔵省総括政務次官)。「景気に軸足を置いた政策からの転換と受け取られる場合など心理面も含む影響の大きさは計り知れない」(河出英治・経済企画庁調整局長)と相次いで表明した。

速水氏は「参考意見なのか、政府として正式に議決延期を求めておられるのか」と問い返したが、村田氏は「経済や市場動向を踏まえれば現時点でのゼロ金利政策の解除は時期尚早」と正式に権利を行使する。1998年の新日銀法施行以来、早くも政府と日銀に決定的な溝が生まれた瞬間だった。

「景気をサポートすることには変わりない。ベクトルは合っている」(三木委員)。「(請求権行使の)適用が適当な状況なのか」(武富将委員)。「不信とか対立が決定的にならないように冷却期間を置いた方がいい」(中原委員)。政府が議決延期請求権を行使すれば、日銀はすぐさま採否を決める必要がある。政府との協調を重んじるか日銀の独立性を貫くか、委員には賛否両論があったが、速水総裁はこう総括した。「こちらが政策判断としてどれでいくか決定するのは第3条で認められた我々の自主性である」。山口副総裁も「情勢判断の差がどうしても埋まらない場合は日銀の判断に基づいて政策を決定することがあり得る」と話した。「これ以上議論をしても時間がかかるばかりで結論が出ると思えない」と速水総裁が議決に持ち込み、政府の延期請求は中原委員を除く8人の反対で否決された。ゼロ金利解除も賛成7票、反対2票（中原委員と植田委員）の賛成多数で正式に決まった。

独立性を金科玉条として決断したゼロ金利解除。歴史的にみれば、あまりにタイミングが悪かった。秋に入ると米国市場でナスダック総合株価指数が大幅に下落。ＩＴバブルの崩壊だった。日銀内でも10月末の決定会合では「ここにきて米経済が少し変調をきたしているとの心配がある。国際通貨危機のようなことを頭に置き始めているのではないか」（速水総裁）と不安の声が漏れ出す。ゼロ金利を解除して2カ月強しかたっていなかった。

11月17日の会合では、さらに「米国のハイテク分野の調整が日本の設備投資を腰折れさせる懸念がある」（植田委員）と警戒感が増していった。12月に入ると、輸出に陰りが見え始め、日本経済にもＩＴバブル崩壊の影響が表れてくる。「景気は今、残念ながら、なぎ状態に入った」（武富委員）。「日銀が描いてきたシナリオは崩れる可能性が高まってきた」（中原委員）。日銀は12月15日の会合で景気判断を下方修正したが、その後も景気は後退色を強めていった。

日銀は翌01年2月に政策金利の誘導目標を0・25％から0・15％に引き下げる。2月の会合は午前中に「今日のところは現状維持がいい」と議論を引き取った速水総裁が、午後になって「(政策金利については)0・25％を0・1％くらい下げてみてはどうか」と利下げを提案して決着した。速水氏はゼロ金利解除を失敗とみなされるのを嫌って利下げの断行を渋っていたが、審議委員と執行部が昼休み中に同氏を説得したという。

結局、00年8月のゼロ金利解除は、長く日銀にトラウマとして傷を残すことになる。一つは「拙速な利上げがその後の長期デフレの要因になった」という批判を浴びたことである。この日銀批判は必ずしも的確ではないだろう。利上げ幅はわずか0・25％であり、米国の利下げ観測によって長期金利にはむしろ低下圧力がかかっていた。景気が腰折れするほどの金利上昇ではなかった。

しかし、結果責任は免れなかった。政府の反対を押し切ってゼロ金利解除を強行したことから、日銀には「金融緩和に消極的な中央銀行」という評価が広まってしまった。このイメージは黒田体制でQQEを発動するまで長くつきまとい、日本の与野党や海外の経済学者の日銀批判の種となり続けた。独立性を得た日銀の立ち位置は弱くなり、政府との関係でも常に防戦に回らざるをえなくなる。日銀の金融政策はこのときから機動性や柔軟性を失ってしまうことになる。

5　量的緩和政策の始まり

２００１年３月19日の金融政策決定会合は、世界同時株安が進むなかで開かれた。ゼロ金利解除の失敗は誰の目にも明らかになっていた。委員の間では日銀批判をかわすために「思い切った緩和策をとるべきだ」との空気が広がっていた。世界的にも前例のない量的金融緩和を発動するのがこの日だった。

口火を切ったのは、ジャーナリスト出身の藤原作弥副総裁だった。「未知の領域に足を踏み入れることもやむを得ない」。金融調節の目標をこれまでの「金利」（無担保コール翌日物金利）から、銀行が日銀に預ける当座預金残高やマネタリーベースなど「量」に関する目標に変更する新政策の検討を促した。

これに待ったをかけたのが、のちに総裁となる植田和男委員だった。「ゼロ金利を約束したほうが、量で約束するよりもコミットメントの強さは強い」とゼロ金利政策への復帰を主張した。篠塚委員も翌日物金利を０・15％以下とする調節方針を提案した。

意外なことに、最も量的緩和に批判的だったのは執行部の一人である山口泰副総裁だった。同氏は「金利面で実質的にゼロ金利にしていくことが素直な対応方法だ」と指摘した。量的目標には「追加的な緩和の余地が大いに生まれてくるような、ある種のイリュージョン（幻想）を与えることにもなりかねない」と疑問を呈した。

委員の意見が一巡したのを見計らって、速水総裁は議長提案に踏み切る。「思い切った金融緩和策の領域に踏み込むこともやむを得ない状況になってきている」。金融調節の目標として当座預金残高を5兆円程度に増やし、長期国債の買い切りオペも増額する方針を示した。金融緩和策をいつまで続けるかを約束する「時間軸効果」についても「ゼロ金利の際の『デフレ懸念の払拭』という表現はやや曖昧だったかもしれない」と振り返ったうえで、消費者物価指数の前年比上昇率がゼロ%となるのを目安として明示する案を提示。「今回の方法はゼロ金利よりはいい」と締めくくった。

反対論を跳ね返すような議長案を受けて、量的緩和に懐疑的だった委員も揺らぎ始める。植田委員は「マーケット等に量そのものが何か影響するのではないか、イリュージョン的なものがあるかもしれないということもまた無視できない」と話す。さらに「ここは少しずるく立ち回る余地はなくもない」として、市場の期待に働きかけて物価上昇率に影響を与える効果も完全には否定できないとした。

量的緩和への転換で実体経済に目に見える効果がなければ、当座預金残高目標の引き上げを際限なく迫られる懸念も強い。山口副総裁は「イリュージョンを利用しようとして、そういう説明をすればするほどリスクも同時に大きくなってくる」と警告した。

議案の採決に入ると、当初は量的緩和に消極姿勢を示していた山口、植田、武富各委員も「量にまつわるイリュージョンを利用する効果も必ずしも一概にゼロであると言い切ってしまう必要もない」（植田氏）などと議長案の賛成に回る。一方、篠塚委員は「説明がまだ私には十分理解できない」として反対を貫いた。量的緩和政策は8対1の賛成多数で可決された。

政策の骨子は以下の通りだ。
①金融調節の誘導目標を、無担保コール翌日物金利から日銀当座預金残高に変更
②日銀当座預金残高を1兆円程度積み増し、5兆円程度に
③日銀当座預金の円滑な供給に必要な場合は、長期国債の買い入れを増額
④量的緩和により、翌日物金利は従来の誘導目標の0・15％から低下し、ゼロ％近辺で推移
⑤新しい金融調節は消費者物価指数の前年比上昇率が安定的にゼロ％以上になるまで継続
⑥今回の措置が効果を発揮するには、不良債権問題の解決など金融・経済・産業面の構造改革が必要
量的緩和の発動はサプライズとなった。投資家は日銀の政策転換を驚きをもって受け止め、翌営業日の21日の日経平均株価も910円もの急反発をみせた。

日銀当座預金というのは、民間銀行が資金決済や預金の支払いに備えて日銀に置いておく資金のことだ。当時の必要量は4兆円だったが、量的緩和で銀行に1兆円分の余剰資金を積ませるこ

となった。当座預金には利子がつかないため、量的緩和で膨らんだ余剰資金はより利回りを得られる融資や投資に回るだろうという理屈だった。

もっとも、決定会合ではこんな冷めたやりとりもあったという。

植田委員「期待インフレ率が上がって金利が上がっていったり、景気がよくなっていくとなれば良いが、ならないと地獄になる」

武富委員「そう、地獄だ。もっともっともっとということになる」

植田委員「願わくは、このようなことを意味がないなと途中で納得してくれることを期待することではないか」

量的緩和は植田氏らが危惧したとおり、その後になし崩し的に追加策を迫られるようになる。当座預金残高の目標（当初5兆円）や長期国債の買い入れ額（当初月4000億円）は徐々に引き上げられ、03年の速水氏の総裁退任時にはそれぞれ当座預金残高目標が17兆～22兆円、長期国債買い入れ額は1兆2000億円となっていた。量的緩和政策は06年3月まで続くことになる。

当座預金残高を政策ターゲットとする量的緩和政策の源流はどこにあったのだろうか。政策提案として真っ先に量的緩和を打ち出したのは、中原伸之審議委員だった。1999年2月の決定会合でこんな提案を出している。

「中期的にCPIの前年比が1％程度となることを企図して、当面、超過準備額を5000億円程度とし、その後、次第にこれを増額させることにより、本年第４四半期のマネタリーベースの前年比が10％程度に上昇するよう量的緩和（マネタリーベースの拡大）を図る」

中原氏はマネタリストであるミルトン・フリードマンの信奉者であり、フリードマンは長く日本のデフレの原因は資金供給量の減少にあると主張していた。米国からは、94年に日銀のアドバイザーに就いた著名経済学者のジョン・テイラー氏も、量的緩和の検討を求めていた。金融政策の理論家であり「テイラー・ルール」でも知られる同氏は２００１年に財務次官となり、財務長官となったローレンス・サマーズ氏と日銀の量的緩和導入を後押しした。このあたりが１つの源流なのだろうと私は思っていた。

ところがある日銀関係者は「既に１９９５年時点で、のちに副総裁となる雨宮正佳氏が量的緩和の原案をとりまとめてあった」と証言する。

95年は日銀が公定歩合を過去最低の０・５％に下げ、いよいよ緩和余地がなくなった時期だった。日銀企画ラインのトップだった山口泰氏（のちに副総裁）の指示を受けて、雨宮氏が次の一手を練り、発案したのが当座預金残高を政策ターゲットとする量的緩和策だったという。このアイデアは世界的にも前例がなかった。「現金を含めたマネタリーベースを制御するのは日銀にはできない。当座預金ならコントロール可能で、まずはここからやってみようということになった」（日銀関係者）という。２００１年の量的緩和の発動は、６年間もの準備期間があった。

6 円キャリー取引の出現

プリンス福井氏の登板

「ミセス・ワタナベ」の語源は、１９９７年３月の英エコノミスト誌の記事だとされる。記事にはワタナベという名の架空の日本人主婦が登場し、家計を管理しながら外国勢の発行する円建て債「サムライ債」に投資している姿を描いている。

当時、日本の政策金利は０・５％と過去最低水準。エコノミスト誌の記事は、低利の円を借りて金利が高いドル資産に投資する「円キャリートレード」が増えていることを世に知らしめた。円は米ドルだけでなく、豪ドルやニュージーランドドルなど高金利通貨に向かい、外国為替相場に影響を及ぼしていくようになる。

ミセス・ワタナベが本格的に世界市場を席巻するようになるのは、01年の量的緩和の発動以降だ。円が投機マネーに大きく使われるようになっていた03年3月、日銀総裁は速水優氏から福井俊彦氏に交代した。

福井氏は東大法学部から１９５７年に日銀に入行し、98年に施行した新日銀法の詳細設計を日銀側で担った人物である。それだけに中央銀行の独立性の重みをわかっていた。それは法文によってのみ担保されるのではなく「民主主義の世界では、中央銀行の独立性にとって最も重要なのは世の中に信頼されることだと喝破していた」（日銀関係者）という。

「エボリューション（進化）がある形に、是非持っていきたい」。福井氏は就任からわずか5日の2003年3月25日に、新日銀法下で初めての臨時の金融政策決定会合を開き、いきなり追加策の発動に踏み切った。

速水前体制で政府と日銀の関係はぎくしゃくしていた。00年8月のゼロ金利解除と、その後の景気後退が最大の要因だ。01年3月に量的緩和を導入したが、2年たっても日本は止まらぬデフレに苦しんでいた。速水氏は金融緩和に慎重姿勢をみせることもあり、政府は「動かぬ日銀」へのいらだちを募らせていた。

臨時会合の表向きの理由は、イラク戦争による市場混乱の回避だった。真の目的は、前体制からの転換をアピールし、デフレ脱却へ小泉純一郎政権との協調を演出することにあった。臨時会合ではこんなやりとりがなされたという。

福井総裁「経済を活性化させるという面では十分な効果がうかがわれていない」

武藤敏郎副総裁「デフレ脱却のメドはたっていないという現状を十分に踏まえる必要がある」

岩田一政副総裁「これまでの枠組みでは（デフレは）脱出できない」

会合の焦点は速水時代の量的緩和の総括だった。「効果が不十分」と断じた福井総裁に、新任

福井俊彦総裁は「動く日銀」の演出に注力した

の副総裁2人も同調する。3人が息を合わせたのは「動く日銀」の演出だ。福井総裁は「速攻」に出る。資金供給の強化を決めるとともに、執行部に量的緩和の枠組み強化に向けた論点整理を指示。会合後には通常の政策委員会を開き、株安対策として銀行保有株の購入枠拡大を決めた。福井日銀は、財務次官OBで政界との調整に長けた武藤氏、内閣府出身で官庁エコノミストである岩田氏が支える体制となっていた。

「決断と行動力に敬意を表したい」。政府代表として臨時会合に出席した谷口隆義財務副大臣は歓迎の意を表明した。量的緩和をどう見直すか。福井総裁はその課題を「資金供給の目詰まり」と見定めた。日銀がいくら資金を供給しても、不良債権に苦しむ金融機関は融資を伸ばせず、企業にはなかなか届かない。日銀には「金融政策だけではデフレ脱却は難しい」との声も強かった。

福井氏はすぐさま動く。およそ2週間後の4月7〜8日の決定会合で同氏は「政策手段の多様化という点で知恵をさらに絞っていく必要がある」と追加策を提示する。中小企業に向かう資金の目詰まりを解消するため、売掛債権などを裏付けに発行する資産担保証券（ＡＢＳ）を日銀が直接購入する案だった。金融政策としては初めて民間資産を買い取る異例の策に踏み出した。

さらには4月30日と5月の会合では、続けざまに量的緩和の当座預金残高目標を引き上げて「動く日銀」を印象づけた。量的緩和の当座預金残高目標は01年に5兆円でスタートしたが、03年時点で27兆〜32兆円へと高まっていた。

日本経済はバブルの後始末をようやく終えようとしていた。小泉政権下で金融担当相に就いた竹中平蔵氏は、大手銀行の不良債権比率（当時の8・4％）を2年半で半減させる「金融再生プログラム」を打ち出す。目標に達しない銀行には公的資金を注入して事実上の国有化も辞さない強硬策だった。

日経平均株価は03年4月28日にバブル後最安値（当時）の7604円まで下落する。反転するのは5月の「りそなショック」だ。政府は電撃的にりそな銀行に公的資金を注入する再建策を発令した。不良債権処理で目に見える成果を求めていた金融市場はこれを好感し、世界景気の持ち直しとともに日本経済も薄明かりが差していくことになる。

りそなは旧野村財閥系の「大和銀行」と、都銀下位行の協和銀行と埼玉銀行が合併してできた「あさひ銀行」が母体だ。大和銀は1995年にニューヨーク支店で巨額損失事件を起こして米国市場から追放され、親密地銀を囲い込む「スーパーリージョナルバンク」構想になんとか活路を見いだそうとしていた。あさひ銀との合併で当時は四大銀行の一角に食い込み、国内特化で再生を目指していたところだった。

りそなの実質国有化の引き金となったのは、監査法人の厳格監査だった。りそなは不良債権処理に伴う税金の先払いを「繰り延べ税金資産」として自己資本に計上していた。「竹中プラン」はその内容を厳しく監査するように求めていた。国内銀行であるりそなの自己資本比率は4％を上回れば問題がなかったが、2003年5月の連休明けになって監査法人から過大計上の可能性があると指摘がなされる。

竹中氏がそうした動きを知ったのは5月7日だったという。自己資本比率が4％を切ることになれば預金保険法に則って公的資金の注入が必要になる。竹中氏は小泉首相にりそなへの公的資金注入の了解を内々に得て、事務方にも水面下で実質国有化を準備するよう指示する。

もっとも、国有化を避けたいりそなは激しく抵抗した。監査法人も過去の監査との整合性が問われるため揺れ動く。関係者によると、竹中氏は監査法人の決断を促すために「過去の監査との食い違いについての責任は問わない」というメッセージを送ったという。監査法人は最終的には、りそなが求めていた繰り延べ税金資産の5年分の計上を認めない判断を下した。5月17日には政府が「金融危機対応会議」を開いて、りそなへの公的資金の注入を決定する。わずか10日間での急転直下の出来事だった。

りそなへの公的資金注入をきっかけに、日経平均株価は上昇に転じる。「竹中プラン」は、主要銀行の不良債権比率を2年半で半減させる大胆な数値目標だったが、05年3月期には予想に反して前倒しで目標を達成している。過大債務を抱えていたダイエーやカネボウといった大手企業は官民ファンドの「産業再生機構」に引き取られ、銀行の不良債権はバランスシートから切り離されていった。ようやくバブル経済の処理にメドがたち、景気には薄明かりが差す。その中で日銀は量的緩和の長期維持を打ち出しており、為替相場ではゆるやかな円安トレンドがつくられていった。

円キャリートレードの幻想

「ミセス・ワタナベ」の増殖は、この円安トレンドが生み出した。

１９９８年の外為法改正で、一定の証拠金を預けることで元手を上回る外貨を売買できるＦＸ取引が解禁された。元手の少ない個人が規制緩和によって大きな利益を狙えるようになったのだ。２０００年代半ばになると個人のＦＸの取引規模は東京外国為替市場の２～３割に達し、世界の有力ヘッジファンドもその動向を注視するようになった。

もっとも、ミセス・ワタナベは個人のため実態がみえにくい。そもそもミセス・ワタナベは家計を預かる日本の主婦という設定だが、個人のＦＸ投資家の大半は中年の男性だ。

日本の個人投資家が世界の外為市場で力を持ったのは、低金利の円を借り入れて高金利のドルなどに投資する「円キャリートレード」の環境があったからだ。福井日銀は量的緩和の長期維持を打ち出していた。一方で、米連邦準備理事会（ＦＲＢ）はＩＴバブル崩壊の傷が癒え、1・0％まで下がった政策金利を急ピッチで引き上げようとしていた。グリーンスパン議長（当時）は04年に利上げを再開して、17会合連続の金融引き締めを断行する。06年には政策金利は5・25％まで引き上げられた。日米金利差は一気に拡大して、個人の円キャリートレードが爆発的に広がっていく。

低金利の円に商機を見いだしたのは、日本の個人投資家だけではなかった。東京から8600キロも離れたアイスランド。同国は政策金利が10％前後に高まり、クローナは世界的な高金利通貨の1つとなっていた。個人や企業は金利の高いクローナではなく、ゼロ金利の円や低金利のスイスフランを借り入れるようになる。

同国最大手のカウプシング銀行などは円建て債券（サムライ債）を大量に発行した。同国に流れ込んだ外貨は、銀行を通じて低利のまま個人や企業に注がれた。外貨建てで多額のローンを組む消費者や企業も増えていった。外貨建ての借入比率は企業で約7割、住宅購入者の約2割に上り、07年末には外貨建てローンに占める円の比率は約4割に達したという。実物の日本円など見たこともないアイスランドの生活者が、円でローンを借りて家を建てる異常な世界ができあがっていた。

アイスランドでは03年以降の4年間で、株式市場の時価総額が約7倍に跳ね上がり、住宅価格も約2倍へと膨れ上がった。銀行は上昇を続ける保有資産を担保に、銀行間取引市場や機関投資家からの借り入れを増やしていった。07年末には銀行部門の対外債務がGDP（国内総生産）の5倍近くまで膨らんだ。

円やスイスフランといった低金利通貨によるキャリートレードは、世界的な住宅バブルの一因となった。リーマン・ショックは米欧金融機関の証券化商品への過大投資が最大の要因だが、それを支えた過剰マネーの一つは、日銀の量的緩和による低金利の円資金だった。

その後、08年の金融危機でアイスランドクローナは対円で半値に急落。円建て住宅ローンを抱えた同国の生活者は、返済が困難になって政府の救済措置を仰ぐことになった。

バブル処理の傷が癒えない日本経済にとっては、この円安トレンドが慈雨となった。この頃はまだ輸出主導による経済の持ち直しが可能だった。

輸出数量指数の上昇率は02年に7・9％と高まり、03年は4・9％、04年は10・6％と伸び続けた。製造拠点は1995年前後の円高で海外に散らばっていったが、円安によって2000年代前半は国内回帰の動きが鮮明になった。企業の設備投資は03年に2・3％増え、04年は3・4％増、05年も8・3％増と伸び続け、国内の工場立地も01年から07年までの6年間で84％も増えた。

シャープが液晶テレビ「アクオス」の生産拠点として亀山工場（三重県亀山市）を稼働したのも04年だ。同工場は「世界の亀山」として、日本の先端技術の一つの象徴となった。06年には亀山第2工場も始動。世界の亀山は、総投資額5000億円という大プロジェクトになった。

ところが、輸出を支えた円安トレンドは砂上の楼閣だったことが後にわかる。金利差を当て込んだ「円キャリートレード」が円安を増幅していたからだ。経済のバランスを的確に反映しておらず、08年のリーマン・ショックで円キャリー取引は一気に巻き戻された。FRBの利下げによって日米の金利差が急激に縮小したからだ。

のちの白川日銀が苦しんだのは、この円キャリーの巻き戻しで発生した急激な円高・ドル安だった。企業の設備投資は09年に13％減と過去最大の落ち込みとなる。亀山工場も同年に一部生産停止となり、16年にはシャープごと鴻海精密工業に身売りされた。低金利を固定すれば金融市場のどこかに歪みが出る。日本経済はその歪みが常に円相場に蓄積し、それが大暴れして企業や個人を最終的に振り回すことになる。

7 安倍晋三氏、反日銀の原点

「都心部の不動産取引の一部について過熱感が明確に出ている」。福井俊彦総裁がバブルの兆しに言及したのは05年10月12日の政策決定会合だった。

他の政策委員も「1980年代後半のバブル期に発生した現象に似てきている」(12月16日、福間年勝審議委員)と同調。円安による製造業の持ち直しによって、量的緩和の解除が視野に入ってきていた。米国は04年から急ピッチな利上げ局面に入っており、福井氏は「マーケットは一つのギャップを突いてくる。(世界全体と)平仄《ひょうそく》が合っていないといけない」(12月16日)と語っている。福井日銀は06年3月を量的緩和解除の期日と定めて準備作業に入ろうとしていた。

ところが、日銀が緩和解除に前のめりになるにつれ、政府との間に微妙な温度差が広がった。なかでも強硬に量的緩和の解除に反対したのは、小泉純一郎政権で官房長官を務めていた安倍晋三氏だった。

安倍氏は06年3月3日の記者会見で「政府としては、いまだ緩やかなデフレが続いているという認識だ。デフレ克服のため、政府と日銀が一体となって協力して実効的な政策を行っていくことが大切だ」と訴えた。小泉首相も同日夜に「デフレ脱却の兆しは見えているけれども、まだデフレ脱却とはいえないのではないか」と記者団に答え、日銀の動きに疑問を呈してみせた。

安倍氏は00年のゼロ金利解除時も官房副長官として日銀の動きをみていた。ゼロ金利解除は日銀自身も失敗と認めるだけに、安倍氏は早すぎる緩和解除への批判が人一倍強かった。3月3日の閣議前、安倍氏は与謝野馨経済財政担当相、谷垣禎一財務相と会って「もし日銀が量的緩和の解除に踏み切るつもりなら、結果責任はとってもらおう」と話し合ったという。

安倍氏も谷垣氏もポスト小泉の1人だった。07年夏には参院選が控えており、景気下振れのあらゆる要素を摘んでおきたい局面だった。小泉首相も6日の参院予算委で「量的緩和を解除して失敗したなら、元に戻すことがあってはならない」と言った。

その参院予算委の場には福井氏も参考人として臨席していた。関係者によると、それでも福井氏は動じることはなかったという。この数日前には谷垣氏が福井氏とひそかに接触して「3月に解除したら大変なことになる」と制したが、同氏はそれにも応じる気配はなかった。

実は福井氏は前年11月18日の決定会合で、すべての政策委員と幹部を前に「異例の金融政策というのは、ある時期にピリオドを打たないと将来に大きな禍根を残す」と明言していた。08年には自らの5年の任期が切れる。その前に、量的緩和政策とゼロ金利政策をともに解除しておきたいと考えていたのだ。立つ鳥跡を濁さずの心境だった。

その段取りを考えると、06年3月に量的緩和をまず解除し、同年中にゼロ金利も解除していく必要があった。先述したように、05年から06年にかけては円安トレンドで輸出が伸び、企業の設備投資も増勢だった。

景気が上向いてデフレ脱却が視野に入り、日銀政策委員には資産バブルへの警戒も浮かんでいた。06年1月19~20日の金融政策決定会合では、水野温氏審議委員が「ゼロ金利がすごく（長く）続くという今の期待は非常に怖い」と発言している。須田美矢子審議委員も「（バブルは）最初がどこか分からない」と指摘したという。日銀は1980年代後半のバブル期に資産価格の高騰を見抜けなかったと批判された。70年代のインフレも、資金供給の引き締めの遅れが原因と指摘されていた。当時の日銀は現在と異なり、バブル阻止への思いがことさら強かった。

残る焦点は、マイナス圏に沈んだままの物価動向だけだった。それも06年1月に消費者物価指数が0・5％上昇して3カ月連続で前年同月比プラスとなる。福井日銀は量的緩和解除のゴーサインが出たと判断した。

3月8~9日の決定会合。多くの政策委員からは、量的緩和の解除に向けた条件を「満たした」（須田委員）と前向きに受け止める発言が飛び出した。岩田一政副総裁は「現在の資産価格がバブルだとは思っていないが、先行きそうしたリスクもある」と言及。福井俊彦総裁も「（解除を）自信を持ってやるということである」と強調し、量的緩和解除に向けた議論の取りまとめに動いた。

「市場との対話が円滑ではない。（解除まで）もう一呼吸置いた方がいい」（中原真審議委員）との慎重論もあった。それは少数派にとどまり「解除を見送れば、政治的な圧力が強いときは自主的に金融政策を決定できないとの誤解を与えかねない」（水野委員）との意見も出た。福井総裁は量的緩和解除の議長案を提出。政府の慎重論を押し切る形で5年間にわたる異例の量的緩和の解除を決めた。

福井氏が目指す金融政策の正常化はさらに続く。日銀は06年7月14日の政策決定会合で、ゼロ金利政策の解除も決定する。政策金利は年0％から0・25％へと引き上げられた。福井氏は同会合で「金利水準をそのまま維持し続けると、経済・物価が大きく変動するリスクにつながる。みんなの意見が一致している」と言い切った。

利上げの環境は整っていたかに見えた。5月の消費者物価指数（生鮮食品を除く、CPI）の上昇率は前年同月比0・6％まで回復。6月の企業短期経済観測調査（短観）でも設備投資計画がバブル期以来の高い伸びを記録していた。日銀は景気の底割れとデフレの悪循環を防ぐためにゼロ金利政策を続けてきたが、福間年勝審議委員は「危機管理として採用した政策を続ける理由は乏しい」と訴えた。

ところが、ゼロ金利を解除した後の日銀は、気まぐれな物価指標に翻弄されることになる。「CPIショック」だ。

総務省は5年に1度、家計の消費行動を正確につかむため、CPIの調査品目を入れ替えている。総務省が基準改定後に改めて発表した7月のCPIは、上昇率が旧基準の0・6％から0・

2%に急低下してしまう。06年1月分と4月分は、基準改定でCPIがなんとマイナスに転じてしまった。

福井日銀はCPIのプラス転換を量的緩和解除の根拠としていた。それが、CPIの基準改定という技術的な要因で、途端に幻となってしまったのだ。福井総裁は9月8日の会合で「新基準でみても物価は持ち直し傾向にある。先行きもプラス基調との見方を変える必要はない」と強調したが、翌07年2月からCPIは再びマイナス圏に沈んでしまう。

00年のゼロ金利解除に続き、06年の量的緩和解除も、結果的には「デフレ脱却からの失敗」と批判されるようになった。「量的緩和の解除に踏み切れば、その結果責任はとってもらう」。安倍晋三氏は閣内で話した自らの言葉を生涯忘れることはなかった。

第6章

苦悶のパウエルFRB
2020年～

1　トランプ大統領とコロナ危機

「ミスター普通」の活躍

「非常事態を宣言する。これで連邦政府の全権を解き放つことができるのだ。新型コロナウイルスへの対応に向けて、最大500億ドルの拠出に道を開くことになる」

2020年3月13日、米首都ワシントンのホワイトハウスで、ドナルド・トランプ大統領は国家非常事態を宣言した。米国では同年2月に新型コロナウイルスによる初の死者が確認され、全米に感染が広がろうとしていた。

私は15年に日本を離れてワシントンに特派員として赴任していた。着任時はオバマ政権だったが、16年の大統領選でトランプ氏が番狂わせの勝利を収め、社会の分断によって米国の雰囲気は殺伐とし始めていた。私自身、ワシントンのバーで飲んでいたところ、隣客に新聞記者だと身分を明かした途端に激しく罵倒されたことがあった。相手はかなり酩酊した女性客だったが、トランプ支持者であり「フェイクニュースの出し手」として私も十把ひとからげに批判された。彼女は何事か叫びながら、無言のバーテンダーに引きずり出されていった。

アメリカの経済社会の混乱はコロナ危機でさらに深まった。全米のコロナ感染者数は3月の非常事態宣言時もそれほど多くなく、2月に初めて死者が出た程度だった。それが4月には1日当たりの新規感染者数が3万人を超え、年末には30万人を突破した。その後の3年間でコロナ感染による死者数は全米で112万人を超えた。米軍の第2次世界大戦での戦死者数は40万5000人。コロナ危機はその2倍を超える犠牲者を出した。

20年3月時点で私は、1カ月もすれば非常事態は解除され、早々に普段の日常生活が戻ってくると信じて疑わなかった。ところが、すぐにレストランの店内営業が停止になり、ワシントン市内の政府機関もほぼすべてが在宅勤務となった。私も自室で取材と執筆を余儀なくされるようになり、3月30日には外出禁止措置まで発出された。食料品店など基幹的ビジネス（メディア関係者も含む）を除く多くのオフィスが一時閉鎖に追い込まれた。トランプ大統領は毎日のようにホワイトハウスで記者会見していたが、その白亜の建物を除けば市内は気味が悪いほど静まりかえっていた。近代国家アメリカで、首都ワシントンからあれほどまでに人影が消えたのはこのときが初めてだろう。

ＦＲＢ議長は18年に、初の女性トップだったジャネット・イエレン氏から、共和党員のジェローム・パウエル氏に交代していた。パウエル氏はその穏やかな見た目から、メディアからは「ミスター普通」という、あまりありがたくないニックネームをつけられていた。同氏をＦＲＢ議長

パウエルFRB議長はトランプ大統領によって指名された（ロイター＝共同）

に選んだのはトランプ大統領で、リベラル色の強いイエレン氏を交代させることだけが目的だとされた。

当時のホワイトハウス関係者は「当初はゴールドマン・サックス出身のゲーリー・コーン米国家経済会議（NEC）委員長（当時）が最有力候補だった」と私に明かしている。コーン氏は商品取引相場の場立ちからキャリアをスタートして、ゴールドマンに転じて商品取引のプロとなり、最後には同社ナンバー2である社長兼最高執行責任者（COO）まで上り詰めた人物だ。

ただ、トランプ氏がネオナチなどを含む白人至上主義者を擁護するような発言をすると、ユダヤ系であるコーン氏は反発して確執が広がった。最終的にはイエレン氏とダークホースだったパウエル氏が最終候補者となり、共和党員だったパウエル氏が選ばれた。パウエル氏はもともとウォール街の投資ファンドで活躍した法律専門家で「目立たずに勤勉に働くことが信条」と報じられたこともある。議長就任前に理事としてFRBで6年間、政策決定に携わったが、一度も反対票を投じることがなかったことでも知られる。

その「ミスター普通」が、コロナ危機下では大車輪の活躍をみせることになる。

3月2日、米財務省から私は1通のメールを受け取った。翌3日早朝にG7（主要7カ国）がオンラインで緊急の財務相・中央銀行総裁会議を開くとそこには記されていた。

同年2月12日、ダウ工業株30種平均株価は過去最高値（当時）となる2万9551ドルをつけていた。コロナ禍による経済不安が強まった2月27日には一転して1000ドルを超える急落となった。世界市場は混乱し始めており、G7として緊急対策を打ち出す必要が出ていた。

私は日本経済新聞の東京本社にG7会議の予定が入ったことを伝え、さらに「G7会議後にFRBは緊急利下げを決断するだろう」との見通しも伝えた。

世界的なパンデミックへの対処策はワクチンや治療薬の開発が最優先だ。金融政策にできることは限られているが、世界中の当局者が連携して公衆衛生危機に立ち向かう姿勢を示す必要があった。金融市場もFRBの早期利下げを織り込み始めていた。

「持続的な成長を実現するため、あらゆる政策手段を用いて経済の下方リスクに立ち向かう」。米東部時間3日早朝、G7は緊急の財務相会議でそうした共同声明を発出した。その直後、

ＦＲＢも臨時の米連邦公開市場委員会（ＦＯＭＣ）を開いて、０・５％の緊急利下げを決めた。Ｇ７会議後に真っ先に金融緩和に動いたのは、やはり米国だった。先手必勝は通貨防衛の鉄則でもある。国際協調と国際競争がそこには入り交じっていた。ＦＲＢが臨時会合を開いて利下げするのは、リーマン・ショックの直後以来、11年半ぶりだった。

パウエルＦＲＢ議長は記者会見で「今こそ景気を支えるために我々が行動を起こす時であると判断し、迅速に対応した」と話し始めた。「過去数週間に新型コロナウイルスの感染が拡大し、米国でも感染が確認され始めるのに伴い、景気の先行きへのリスクを認識するに至った。ウイルスの影響がどれだけ続くかは不透明だが、米経済は堅調で、いずれは強い成長へと回復し、労働市場も堅調になるとみている」

コロナ危機の深度は誰も分かっておらず、金融緩和措置がこれで打ち止めになるとも誰も思っていなかった。実際、ＦＯＭＣで利下げを決めた３日のダウ平均は前日比７８５ドル（２・94％）安の２万５９１７ドルで終えた。米債券市場でも同日、長期金利の指標である10年物国債利回りが急低下。節目である１％を初めて下回って史上最低となった。

ＦＲＢは立て続けに緩和措置を拡大した。トランプ大統領が非常事態を宣言した直後の15日、ＦＲＢは日曜日にもかかわらず再び臨時のＦＯＭＣを開いて１％の大幅利下げに踏み切った。事実上のゼロ金利政策の再開で、米国債を５千億ドル購入する量的緩和も復活させた。

それでも12日の米株式市場では、ダウ平均が１日で２３５２ドル安と過去最大の下落幅を記録。ＦＲＢのゼロ金利・量的緩和でも株安は止められず、16日にはさらに２９９７ドル安と、再び史上最大の急落に見舞われることになる。ダウ平均は２月の過去最高値から３月下旬には１万８５００ドル台まで大きく落ち込んだ。コロナ禍による経済危機が深まるにつれて金融緩和の度合いも大きくなり、３月23日にＦＲＢが国債購入を「無制限」に切り替えて量的緩和を拡充すると、ようやく株価は下げ止まった。

ＹＣＣへの抵抗感

このとき、ＦＲＢが恐れていたのはデフレだった。

コロナ危機が企業の設備投資を大きく抑えつけてしまえば、成長力そのものが落ちて経済は長期停滞に陥る。米国のインフレ率はリーマン・ショック以降、ほぼ一貫して目標の２％を下回り続けていた。ＦＲＢ内には低物価と低成長が続く「日本化」を本気で警戒する声があった。

ＦＲＢはこのとき、日銀が16年から続けてきたイールドカーブ・コントロール（ＹＣＣ、長短金利操作）の発動まで検討している。20年３月にゼロ金利と量的緩和を復活させており、追加金融緩和の手段はほとんどなくなっていた。

そのため20年４月のＦＯＭＣでは新手の緩和手段を議論した。会合内では「一定の期間、短期債と中期債の利回りに上限を設けて米国債を買い入れる」という案が議論されたという。ＦＲＢの政策金利は、銀行が短期資金をやりとりする際に使うフェデラルファンド（ＦＦ）金利だ。新たに1年物の短期国債（ＴＢ）や5年物国債に金利目標を設け、市中金利全体を抑えるアイデアが浮かんでいた。まさに日銀のＹＣＣの類似系である。

ＦＲＢ自身、第２次世界大戦時の１９４２年にＹＣＣを導入している。３カ月物や1年物のＴＢに上限金利を設けて中期・長期の利回りをコントロールする手法だった。米連邦政府の戦費調達を手助けするためだったが、ＦＲＢとしてもＹＣＣは未踏の領域ではなかった。

ただ、その次の6月のＦＯＭＣは、ＹＣＣを巡って激しく紛糾したという。会合では、先例として（１）日銀による10年物国債利回りへの誘導目標（２）オーストラリア準備銀行（中銀）による3年物金利の誘導目標（３）ＦＲＢの第２次大戦時のＹＣＣ――の３つの効果を検証した。ＹＣＣに難色を示したのはＦＲＢの内部プロパーで構成する執行部だった。執行部は「40年代の経験からすれば、政府債務の大量購入を求められ、金融政策の目的と国債管理政策が対立する可能性がある」と問題を指摘した。

ＦＲＢが42年に導入したＹＣＣは、戦後も連邦政府の圧力が続いてなかなか終了できず、低金利政策が想定以上に長引いてしまう。そのため51年には消費者物価指数（ＣＰＩ）が９％台まで急上昇。２０２０年6月の会合では地区連銀総裁らからも「中銀の独立性を損なう」との不安が噴出した。

ＹＣＣの出口戦略の難しさも指摘された。仮に、ＦＲＢがＹＣＣを解除して中長期金利の上昇を促すようになれば、既に25兆ドルもの債務を抱える連邦政府は利払い負担が大きく増す。民間金融機関など米国債保有者も、債券価格の下落で含み損などのリスクを負うことになる。会合では「中短期金利を対象としたＹＣＣは強力な施策になりうる」と積極論もあったというが、採用論は次第にしぼんでいく。

私は会合に参加していたロバート・カプラン米ダラス連銀総裁（当時）にＹＣＣについての考え方を率直に聞いたことがある。

「いかなる政策手段も排除はしないが、自分にはＹＣＣに対して極めて強い抵抗がある。使うとすれば債券市場が無秩序になるような極めて特殊な状況においてのみだ。経済が回復すれば金利が上昇するのは自然なことだ。市場の価格決定メカニズムをゆがめるようなことはしたくない」

ゴールドマン・サックス出身のカプラン氏は東京でも５年間の勤務経験がある。日本通である同氏の言葉は、日銀が長く続けるＹＣＣへの間接的な批判に聞こえた。

2 まさかの大インフレ

インフレ圧力を過小評価していた

コロナ・ショックに陥った米経済は、財政出動と金融緩和の両輪で立ち直っていく。

20年4〜6月期の実質国内総生産（GDP）成長率は前期比マイナス29・9％（年率換算）と大幅な落ち込みとなった。戦後最悪の景気悪化だった。

失業率は2月の3・5％から3月には4・4％、4月には14・7％まで急上昇した。失業者数も570万人、720万人、2300万人と大幅に増え、米国景気はマヒ状態に陥った。私は当時、ワシントンでFRBだけでなく米国の経済政策そのものを担当しており「戦後最悪のマイナス成長」「戦後最悪の失業率」と毎日のように原稿を書き続けることになった。

与野党対立で「決められない政治」とあきれられていた米議会は、猛烈に動き始めていた。3月6日には第1弾の経済対策として、コロナ検査の拡充など83億ドルの財政出動を決定。同18日には1000億ドル規模の経済対策第2弾を発動し、同27日には過去最大の2兆ドルの経済対策第3弾が成立する。

中小企業に3500億ドルの事実上の補助金を用意したほか、家計にも1人最大1200ドルの現金を支給。家賃の支払いや食材の購入などを支援した。過去最大の財政出動を支えたのは、FRBが無制限に国債を買い入れる異例の量的緩和政策だった。長期金利は大きく低下して5月には史上最低の0・5％まで下がった。政府は利払い負担を気にすることなく、巨額の国債発行が可能になった。

「FRBの無制限の量的緩和は、今思えば明らかに財政ファイナンスだった」。日銀関係者はそう断じる。財政ファイナンスとは、政府の財政赤字を事実上穴埋めするために、中央銀行が国債などを大量に買い入れることだ。０・５％という低金利がなければ、これだけの財政出動は困難になる。当時の米財務省関係者は「パウエルＦＲＢ議長とトランプ側近であるムニューシン財務長官は、ときに1日に30回も電話で連絡を取り合って経済対策を策定していった」と私に明かしている。

米連邦政府のコロナ対策は財政赤字を一気に膨らませた。２０２０会計年度（19年10月〜20年9月）の財政赤字は過去最大の３兆１３２０億ドルとなり、赤字幅は金融危機直後の09年度（1・4兆ドル）をも大幅に上回った。歳出が6兆５５２０億ドルと前年度比で47％も増えた影響が大きかった。

それだけの財政赤字でも金利が上昇しなかったのは、ＦＲＢによる米国債の大量購入があったからだ。量的緩和がなければ、米国の財政出動はここまで大がかりにはできなかっただろう。トランプ氏はパウエル氏に電話をかけて「ジェローム、いい仕事をしてくれた」とねぎらいの言葉をかけたという。

しかし、米当局の巨額の財政出動は、ＦＲＢが恐れたデフレではなく、想定外のインフレを呼び起こすことになる。

米国でインフレが目立ち始めたのは、深刻なコロナ危機が少しずつ収まり始めていた21年春だった。私は当時、ワシントン支局の特派員を務めており、ちょうど6年の任期を終えて帰国しようとしていたタイミングだった。21年1月にバイデン政権が発足して、すぐさま1・9兆ドルの新型コロナウイルス対策を発動すると、急激に落ち込んでいた景気は途端に過熱懸念をはらむようになる。

コロナ危機で新車が納車できなくなり、中古車価格が急上昇していた。私も帰国前にマイカーを売却したが、走行10万マイル（16万キロ）の廃車寸前のクルマでありながら、日本円で50万円近い値が付いて驚いたほどだった。モノが不足していたにもかかわらず、家計は国からの給付金で潤っていた。

バイデン政権の追加財政出動は名目GDPの9％分に当たる規模だった。トランプ前政権は経済封鎖を早めに解除しており、21年春時点で米国の実質GDPはすでに危機前の97・5％の水準まで戻っていた。名目GDPで9％分の巨額対策を打ち出せば、足元の需要不足を大きく上回ることになる。米議会予算局（CBO）の試算では24年までの累計需給ギャップは約7000億ドルだった。1・9兆ドルの経済対策はそれと比べてあまりに過大で「景気を過熱させてインフレリスクをもたらす」（サマーズ元財務長官）と当時から指摘されていた。

コロナ危機下で現金給付を使い切れないままの家計は「過剰貯蓄」をため込んでいた。経済再開でいわゆる「リベンジ消費」が一気に過熱する可能性もあった。当時のゴールドマン・サックスの試算では、21年半ばまでの過剰貯蓄は2・4兆ドル規模に達していた。既に名目GDP11％分の「消費予備軍」が積み上がっていた。

それでもＦＲＢのパウエル議長は「物価上昇は一時的で長続きしない」と繰り返していた。物価の基調を左右するのは、消費の６割強を占めるサービス分野で、決め手は人件費だ。雇用回復の遅れで賃金は上昇しにくく、パウエル氏は安定的に２％のインフレ目標を達成できるようになるまで「３年以上かかるかもしれない」と主張していた。同氏は議会証言でそれまでゼロ金利政策を維持するとも強調しており、インフレ圧力の過小評価が後々の金融緩和の解除の遅れにつながっていく。

経済政策を統括するイエレン新財務長官も「追加策がなければ25年まで失業率は（危機前の）４％に戻らない」と主張。１・９兆ドルの包括対策なら「来年には完全雇用を実現できる」とまで断じてみせた。

実際、米労働市場はＧＤＰほど回復していなかった。21年1月の失業率は６・３％とコロナ危機の傷は癒えておらず、失業者数も１０００万人強と危機前の2倍近い水準にあった。イエレン氏はＦＲＢ議長時代、経済の緩やかな過熱を容認して労働市場のパイそのものを増やす「高圧経済論」を提唱したこともある。サマーズ氏とは異なり、イエレン氏は景気回復へ積極的にインフレを促す実験的な立場をとった。それだけに「インフレには対処策がある。まずは長期停滞を避けることが優先だ」と訴え続けていた。

「物価上昇は一時的」とみていたＦＲＢの予想に反して、インフレは止まらなくなった。消費者物価指数（ＣＰＩ）上昇率は21年3月に2・6％に高まり、同4月には4・1％に急上昇した。6月には5％台になり、10月には6％台、12月には7％台になった。

20年に1ガロン（約4リットル）2ドル（約270円）台だったレギュラーガソリンは、2年後に5ドルを超えた。給油のたびに数十ドルも出費が増えた。ニューヨーク・マンハッタンのマクドナルドで「ビッグマック」のセットを注文すると、日本円で1600円もかかるようになった。1980年代の大インフレ以来の、歴史的な物価高が米国経済を直撃した。

あらゆる経済データを高度に分析してきたＦＲＢが、なぜここまで決定的に物価動向を読み誤ったのか。一つはコロナ危機で発生した供給制約を経済モデルで的確にとらえられなかったからだろう。

サマーズ氏らは1・9兆ドルの巨額経済対策が大きすぎると批判したが、どの当局者も人手不足による供給制約を軽視していた。経済再開によって飲食店や宿泊業が人手をかき集めようとしたことから賃金が上昇。さらなるインフレの後押し材料となった。

失業率は2021年12月には3・9％まで下がり、米経済は一転して深刻な人手不足に悩まされるようになる。コロナ危機で職場をリタイアした高齢層は労働市場に復帰せず、思うように労働力が増えなかった影響が大きい。賃金を上げて人手をかき集めざるを得ず、21年末時点の米国の平均時給は前年比5％増とインフレをさらに強める要因となった。

ＦＲＢはコロナ危機下で金融緩和を長く続ける政策方針を決めており、それが緩和終了を躊躇させてインフレ圧力を強めた。

ＦＲＢは20年夏に、２％のインフレ目標を微修正している。新しく掲げたのは「物価上昇率が2％を一時的に超えることを目指す」という政策ガイドラインだ。このときはまだインフレではなくデフレを恐れており、物価目標をやや引き上げることでゼロ金利を長期化すると事実上宣言することになった。それが結果として、利上げの判断を遅らせることになった。

22年3月にＦＲＢがゼロ金利を解除した時点で、インフレ率は８・５％まで上昇していた。長期国債などを買い入れて市場に資金を供給する量的緩和も22年３月まで続き、保有資産を圧縮して市場の資金量を減らす「量的引き締め」に転じたのは22年6月にずれ込んだ。１９８０年代以来、先進国経済が忘れていた大インフレが、よみがえった亡霊のように主要中央銀行を悩ませるようになる。

米国のインフレ率は6月に8・9％まで上昇して約40年ぶりの高水準を更新した。ユーロ圏、英国もそれぞれ8％台、9％台と歴史的な伸びを当時記録している。日本では食品とエネルギーの値上がりが目立つが、米国は食品・エネルギーを除いた「コア指数」も６％上昇しており、基調そのものがインフレとなった。

インフレを招いた構造変化

リスボン郊外の山あいにある町、シントラは英詩人バイロンが「エデンの園」と称したことで知られる。町全体が世界遺産という南欧有数のリゾート地だ。今では毎年初夏に欧州中央銀行（ＥＣＢ）主催のシンポジウムが開かれ、主要中央銀行トップが議論を交わす場として注目される。

２０１７年には同会議が終わった後に、ＥＣＢやイングランド銀行（英中銀）、カナダ中央銀行などがこぞって金融緩和の終了を示唆。中銀トップによる「シントラの密約」と噂された。金融政策は為替相場に直結するだけに、水面下でトップ同士の率直な意見交換がなされる。日銀も円高阻止のために、常にＦＲＢの動向を内々に追いかけ続けていた。

22年6月の同会議はインフレへの苦悩で満ち満ちていた。「低インフレの環境に戻っていくとは思わない。パンデミックという地政学上の大規模な衝撃によって、我々の政策運営の状況と風景を変えていくだろう」。ＥＣＢのラガルド総裁は低金利政策からの転換を率直に表明した。

「多重ショックによって、高インフレ構造へと転換していくリスクがある。このプロセスは何らかの痛みを伴う可能性が高い。ただ、高インフレに対処できず、その持続を許してしまうことが最悪の痛みになる」。ＦＲＢのパウエル議長も、インフレ退治に向けた金利引き上げによって、景気の一定の悪化もやむを得ないという考えを強調した。

グリーンスパン氏の後述の発言のように、インフレ率は１９８０年代から世界的に緩やかに低下してきた。金融引き締めに加え、経済のグローバル化や原油など1次産品の価格低下も大きく影響していた。米国では「グレートモデレーション（大安定）」と呼ばれ、低インフレが長期成長をもたらしてきた。その40年間の「ディスインフレ」の流れを変えたのが、新型コロナウイルス危機などによる世界的な4つの構造変化だ。

まずはマネー。80年代半ばから2000年にかけて、基軸通貨ドルはFRBのインフレ退治で長期収縮期にあった。市中マネーの総量である「広義流動性」を国内総生産（GDP）比でみると、米国は1986年の77％をピークに94年には60％弱まで下がり、リーマン・ショックがあった2008年まで80％を超えることはなかった。

マネーの歴史的な急膨張を招いたのは、コロナ禍での巨額財政出動と大規模金融緩和だった。米国の広義流動性（GDP比）は20年には112％に急拡大した。マネー量とインフレ率は連動が薄れて「ポスト・マネタリズムの時代」と言われてきたが、財政出動による名目所得の急増が40年ぶりのインフレを呼び起こす一因となった。

インフレ時代を招く2つ目の構造変化は、原油など1次産品価格にある。内閣府の分析によると、1980～90年代の世界的な物価低下の最大の要因は、省エネルギーと原油増産による1次産品の価格下落にあった。当時の商品価格相場は70年代のピークから3割強も下落。とりわけ米国ではCPI低下の要因の8割が原油価格の下落にあったという。

1次産品はロシアによるウクライナ侵攻で急騰し、22年の商品価格指数は2年前と比べて2・5倍に上昇している。脱炭素社会への移行もあってエネルギー価格は高止まり観測が強く、物価全体の押し上げ圧力は当面続きそうだ。国際通貨基金（ＩＭＦ）は22年の先進国のインフレ率を5・7％と予測。「物価上昇は1次産品の値上がりで、当初予測より長引く」と警告した。

3つ目の構造変化はグローバル化の反転だ。世界の平均関税率は1990年の15％から2017年には5・2％まで低下したが、米国のトランプ前政権がその流れを変えた。中国などとの貿易戦争で米国の平均関税率は18年の3・3％から19年には8・7％に急上昇。ウクライナ危機で世界的に食糧の保護主義も強まり、米シンクタンクの調査では22年時点で18カ国が輸出禁止措置を発動している。半導体の囲い込みなど、貿易面での障壁が物価全体の上昇圧力を強めている。

低インフレを変える4つ目の構造変化は、中国を中心とした「安い労働力」の消失だろう。日本貿易振興機構（ジェトロ）の調査では、中国の製造業は作業員の賃金（社会保障など含む）が年8万3700人民元（約170万円）、マネジャークラスなら同20万元を超え、労働コストは安価とはいいがたい。先進国は賃金の低い途上国に製造拠点を移してきたが、世界的な賃金上昇は「ディスインフレ」の流れを止めることになる。

世界経済は高インフレへの備えがない。世界は低金利を前提に借金を積み上げ、官民の債務残高はＧＤＰ比で350％と歴史的な高水準にある。インフレだけなら実質的な債務は目減りするが、米欧中銀は大幅に金利を引き上げると宣言。官民とも想定外の利払い負担増を迫られそうだ。低成長、低物価、低金利という「3つの低」に慣れきった世界には、40年ぶりのインフレ転換が大きな波乱要素となる。

急速な利上げペースに比べ、全体的な金利水準が思うように上昇しないこともパウエル氏やラガルド氏を悩ませた。例えば米10年国債利回りは、急激な利上げにもかかわらず、22年10月の4・25%をピークに1月には逆に3・37%まで低下してしまった。

住宅ローンや社債金利も上がってこない。米連邦住宅貸付抵当公社（フレディマック）による15年固定の住宅ローン金利（週平均）は22年11月に6・38%まで上昇した後、23年2月初旬には逆に5・14%まで低下している。米国の社債金利も、投資適格債は22年秋をピークに約1%ポイント低下し、ハイイールド債も同2%ポイント下がっている。

グリーンスパン元FRB議長は05年、急ピッチな利上げでも長期金利が上がらない当時の現象を「conundrum（謎）」と評した。足元の長期金利の動向はその再来でもある。

長期金利が上がらないのは、新型コロナウイルス危機時の量的緩和でばらまいた過剰マネーが世界にまだ大量に残っていることが一因だった。量的引き締めによる過剰流動性の回収がなければ、債券市場への引き締め効果はなかなか及ばない。にもかかわらず、インフレが収まらないまま、FRBの利上げで金融不安が起きてしまうとはまたしても誤算だった。

3　金融不安がやってきた

シリコンバレー・バンクの破綻

カリフォルニア州にあるシリコンバレー・バンク（SVB）。同州サンタクララ市にある本店は23年3月10日、朝からドアにカギがかけられた。日本経済新聞の現地取材によると、あるスタートアップ企業を経営する男性はSVBに350万ドルも預けていたという。SVBの経営危機が報じられて慌てて本店に駆けつけたが、中に入ることもその場で預金を下ろすこともできなかった。

1983年創業のSVBは、口座の開きやすさや対応の速さがスタートアップやベンチャーキャピタル（VC）に支持され、全米16位の総資産（2022年末時点）を抱えていた。VCが投資する米国のテックやヘルスケア企業は、その約半数がSVBと取引していたという。全米の起業家のメインバンクと言ったらいいだろうか。SVBはグループでVCも持ち、富裕層向けの資産運用ビジネスも手掛ける。起業家のあらゆるニーズを満たすような、シリコンバレーのエコシステムの中核を担う金融機関といえる。そんな有力銀行が突然破綻するとは誰も思っていなかった。ＳＶＢは同日、事業を停止して経営破綻した。

新型コロナウイルス禍の金融緩和に伴うカネ余りで、スタートアップ企業は資金調達を拡大した。21年の米国のＶＣ投資は過去最高となった。資金の余ったスタートアップがＳＶＢに預金した結果、22年３月末の預金残高は前年同期比６割増の１９８０億ドルとピークに達した。

預金が増える一方、株式で十分に資金調達していたスタートアップへの融資需要は低かった。そのため、ＳＶＢは運用先として住宅ローン担保証券（ＭＢＳ）など有価証券の購入に資金をあてた。米連邦準備理事会（ＦＲＢ）が22年３月に利上げを開始すると、急激な金利上昇で保有債券の含み損が拡大。含み損を考慮すると同行はすでに実質債務超過の状態にあったとみられている。

金融引き締め環境に入ると、未上場企業の企業評価額の見直しも必要になった。資金調達環境が逆風に転じ、スタートアップからの預金も減少。ＳＶＢの預金残高は22年末、ピークだった同年３月末より13％減少した。

そんな中、親会社のＳＶＢファイナンシャル・グループは23年３月８日、一部保有債券の売却に伴う18億ドルの損失計上と、普通株発行などによる22億５０００万ドルの増資を発表した。23年２月末時点で１５０億ドルの現金を持つなど十分な流動性を強調したが、巨額損失で一気に信用不安へと転じてしまった。９日の株価は前日比６割安と急落。増資に失敗し、経営破綻と事業停止に至った。ＳＮＳで瞬く間に経営不安の情報が広まり、１７５０億ドルあった預金は９～10

日の２日間で１４２０億ドル（全体の81％）も引き出されてしまった。まさに前近代的な「取り付け騒ぎ」が、デジタル時代に突然勃発した。

インフレと金融不安の両方への対処

最大の理由は、ＦＲＢの急激な利上げで、保有債券に巨額の損失が発生したことだった。ＳＶＢは22年４月から同年末にかけての９カ月間で、既に預金が２３０億ドル（約３兆円）も流出していた。破綻直前に18億ドルの損失が表面化したのは、手元資金を補うためにＳＶＢが２１０億ドルの債券を売却したためだった。預金の支払いにあてる現金を確保するために、含み損のあった債券を売らなくてはいけなくなり、売却と同時に実現損が発生した。

ＳＶＢは資産の多くを米国債やＭＢＳなどの債券で運用していた。ＦＲＢの急速利上げで債券市場は総崩れとなり、ＳＶＢはグループ全体で１５０億ドルもの債券含み損が発生。預金の引き出しが続いたＳＶＢは、保有債券を売れば売るほど損が出る構図となり、経営が途端に行き詰まった。

こうした構図はＳＶＢに限らない。米金融機関全体の債券含み損は、22年末時点で６２０４億ドルと1年前の79億ドルから急拡大していた。ＳＶＢのように多額の預金引き出しが発生すれば、銀行は現金確保のために債券を売らなければならず、含み損がそのまま実現損となる危うい構図にある。米国では中小銀行からの預金引き出しが加速しており、23年３月９～15日の流出額は過去最大の１２００億ドルに達している。

もともと米銀は恒常的に預金が流出しやすい環境にあった。インフレ率は６％に達しており、ゼロ金利に近い預金は実質価値が目減りし続ける。生活者は金利の高いＭＭＦ（マネー・マーケット・ファンド）に資金を移しており、ＭＭＦの残高は３月22日時点で５兆１３００億ドルと直近２週間で２３００億ドル強も増えた。資金流出を防ぎたい地方銀行は預金金利を引き上げ始めており、経営リスクがさらに増す負の循環にある。

ＦＲＢにとっては、インフレと金融不安の２つをそろって退治しなくてはならなくなった。銀行危機を避けるために金融引き締めを途中で断念すれば、今度はインフレが止まらなくなる。インフレ退治を優先して利上げを進めれば、銀行不安が収まらなくなる。突然の物価上昇と金利上昇は、新たな危機の芽を育てる皮肉な結果となった。

３月22日、ＦＲＢは０・25％の利上げを決めたが、パウエル議長の発言はさえなかった。「ここ２週間の銀行システム不安で、企業や家計の与信条件は逼迫するとみている。経済全体への具体的な影響を予測するのはまだ早いが、我々はインフレ抑制のために継続的な利上げが適切だという立場を変える。今後は経済指標を注視し、適切であれば追加の金融引き締めをする」と記者会見の冒頭で述べざるをえなかった。歴史的なインフレを許してしまったＦＲＢは、また新たな難題を抱え込むことになった。

4 マエストロとの対話

「金融政策のインパクトは徐々に薄れている」

ワシントン駐在時、私は「金融政策はどこまで有効なのか」という問いを抱いていた。日本では10年間の「異次元緩和」が想定したようには機能せず、米国も当局の誤算で40年ぶりの高インフレに陥った。日本の低インフレや米欧の高インフレの要因は、人口減少や地政学リスク、資源高といった複雑な要素が絡み合っており、とても中央銀行だけで対処できない。１９９０年代以降の大安定時代（グレートモデレーション）から大不安定時代に変化したことが、金融政策をますます難しくしている。

私は日本経済新聞のワシントン特派員を務めていた19年12月に、アラン・グリーンスパン氏のオフィスを取材で訪れて1時間近く議論したことがある。

グリーンスパン氏のオフィスは市内の中心街の緩やかな坂道の途中にあった。同氏についての細かい説明は不要だろう。１９８７年から２００６年まで19年近くもＦＲＢ議長を務め、息の長い経済成長と物価の安定を実現したとして「マエストロ（巨匠）」と呼ばれていた。

ワシントンは小さな街だけに、私もパーティーなどでグリーンスパン氏に会う機会が何回もあった。そのたびに同氏に「長い目で見た経済情勢の変化について、じっくりお話をお伺いしたい」と申し入れ、オフィスにもメールを入れて同氏の長い「ウェイティング・リスト」に加えてもらっていた。その機会がようやく実現したのが19年12月である。

グリーンスパン氏はそのとき既に93歳。長身をかがめて私の握手にこたえ、そのまま執務室の椅子に腰掛けて私にも着席を促した。どことなく普段と雰囲気が異なったのは、その日の同氏は長く知られる大きなメガネ姿ではなかったことだ。同氏は「さすがに耳が遠くなってね、ジャパニーズ・アクセントの英語が聞き取りにくいから助手を呼んだよ」と笑いながら、ひとりの秘書を私に紹介した。実際、私の英語はネーティブとはほど遠い日本なまりで、インタビューの最中に何度かその秘書の助けを借りることになった。

私はグリーンスパン氏に「かつてほど金融政策は実体経済に効果を及ぼさなくなっているのではないか」と問うた。当時、米国もリーマン・ショック後の長い停滞に苦しんでおり、政策金利は低位にとどまったままだった。サマーズ元財務長官らが「長期停滞論」を唱えた時期だ。

グリーンスパン氏はテーブルの上に様々なデータを分析したチャート図を並べ、それを私にみせながら「政策金利は部分的に有効であるのは間違いがないとしても、経済そのものに反することはできない」と話した。「政策金利の低さは、生産性の低迷など広範な経済活動の鈍化の結果

グリーンスパン氏は19年もの長期にわたってFRBを率いた（ロイター＝共同）

だ。未曽有のインフレを沈静化させたボルカー時代が終わって以降、金融政策は決定的に効果的だとは言えなくなっている。金融政策のインパクトは徐々に薄れていると言っていい」と断じた。私はこうまでも率直に金融政策の力に疑問を投げかけるグリーンスパン氏の姿勢にやや驚いた。

同氏は自身の回顧録『波乱の時代』（日本経済新聞出版）でも「金融政策の発動やインフレと戦う中央銀行への信認が過去10年から20年の長期金利の低下に主導的な役割を果たしているとする見方は、大いに疑問である」と書いている。同書では「じつは１９９０年代半ば以降、インフレ率が比較的簡単に下げられることに、わたしは驚いてきたのである」とも記している。物価の安定を導いたとして自身が神格化されたことへの率直な違和感の吐露だった。実際、08年のリーマン・ショックはグリーンスパン体制による長期緩和が一因とみなされ、19年間の功績を誰もが評価しているわけでもなくなっていた。

私はグリーンスパン氏に対して、長期金利がマイナス圏に突入したことも歴史的にみれば驚きだ、と指摘した。

グリーンスパン氏は「マイナス金利については問題の根源を探る必要がある。1つは地球全体が高齢化社会になりつつあり、20年後や30年後の価値を考慮するようになったということだ。突如として自らの長寿を考えるようになり（年金マネーなどが）30年債という超長期債を買い入れるようになった。結果として債券価格は上昇し、利回りは下落する。今起きている現象は、こうした金融市場の動向を反映したものだ。人口高齢化は着々と進行しており、基本メカニズムを反映した長期金利の低下は構造的に長引くだろう」と返した。

グリーンスパン氏がFRB議長を務めていた1987年から2006年は、米国経済の大いなる成長期だったのは確かだろう。その間、実質GDPは8・5兆ドルから15・3兆ドルに増え、雇用者数も1・1億人から1・4億人に増加した。前任のポール・ボルカー議長が徹底した金融引き締めで1980年代の大インフレを抑え込み、その後は長く物価の安定が続いた。市場関係者も経済学者もこれを中央銀行の勝利と評価したが、果たしてどうか。グリーンスパン氏は市中金利の低下とインフレ圧力の収まりを「金融政策とは関係がないようにも思えた」と述懐している。

当時の世界経済をみると、1989年に旧ソ連が崩壊し、西側の資本主義経済に東側の豊富な労働人口が一気に流入してきた。70年代から80年代にかけて大インフレを引き起こした石油危機も一服した。こうした世界的な経済環境の変化がインフレ率を低下させる大きな力となり、FRBはその上に乗っかっていただけなのではないか。グリーンスパン氏はそう振り返る。

内閣府の分析によると、80〜90年代の世界的な物価低下の最大の要因は、省エネルギーと原油増産による1次産品の価格下落にあったという。当時の商品価格相場は70年代のピークから3割強も下落。米国では物価低下の要因の8割が原油価格の下落にあり、金融引き締めによるマネー収縮の効果は1割程度にすぎなかったと試算される。

もっとも、90年代から2000年代にかけての学界では、金融政策のきめ細かい運営によって大インフレを抑え込んだという評価になっていた。それは当時の市場と学界に「金融政策万能論」を植え付けることになる。

グリーンスパン氏の発言はときに詩的でさまざまな解釈が可能だった。同氏の小難しい言葉づかいは神格化されて市場で流布し、それが投資家心理の変化をもたらして相場が動くことも多々あった。言葉で市場を動かす昨今の中銀トップのスタイルは、グリーンスパン時代に確立したと言っていい。それは、過大ともいえる市場の金融政策万能論がもたらすものだった。

時代は「大いなる不安定」へ

「新型コロナウイルスやロシアのウクライナ侵攻が、マクロ経済の安定の転機になるのか。つまり、大いなる安定（Great Moderation）から大いなる不安定（Great Volatility）に移行するのか」。22年夏、中銀関係者が最も話題にしたのは、欧州中央銀行（ＥＣＢ）のシュナーベル専務理事による「金融政策と大いなる不安定」と題したジャクソンホール（米ワイオミング州）での講演だった。

金融政策万能論を生んだ１９９０年代以降の「大いなる安定」は、既に失われた。中央銀行は米欧で高インフレの発生を許し、日本では逆に大規模緩和が効果を上げないもどかしさがある。それが「大いなる不安定」という表現につながった。

確かに経済・市場は「大いなる不安定期」にある。例えば米国経済はジェットコースターのように乱高下した。コロナ危機だった２０２０年春には失業率が14％台と戦後最悪の水準に悪化。その後の経済再開で今度は国内総生産（ＧＤＰ）が戦後最大の伸び率となり、21年以降は資源高でインフレが止まらなくなった。日本も24年ぶりの円安となり、消費が弱含むなかで30年ぶりのインフレ水準にある。シュナーベル氏は「ユーロ圏もこの2年の生産量の変動率が09年の大不況期の5倍」と指摘する。

「大いなる不安定」に移りつつある理由は3つ考えられる。まずはグローバル化の反転だ。１９９０年代以降の「大いなる安定」は、東西冷戦の終結で市場経済が世界大に広がった影響が大きい。足元はウクライナ危機や米中貿易戦争などで逆に世界経済が分断し、物価と景気を左右する資源と労働の供給も世界的に大混乱している。

もう一つは気候変動だろう。欧州が過去500年で最悪の干ばつに見舞われるなど、気候の変化は一段と予見しにくくなっている。短期的にみても、脱炭素社会への移行は石油価格の変動を大きくし、電気自動車などに使うレアアースの価格をさらに高騰させる。

大不安定を招く3つ目の要因は、金融政策そのものだといえる。FRBやECBは、1回で0・5〜0・75％という通常の2倍、3倍のペースでの利上げを進めてきた。緩和縮小の出遅れが最大の理由だが、急激な金融引き締めを断行せざるをえないのは、小幅な利上げでは政策効果を発揮できないことも理由にある。金融政策は「万能時代」を終えて「迷走時代」に突入した。

第7章

魔法の杖はない

1 日本経済はなぜ停滞しているのか

日本経済の停滞は一目瞭然だ。

1960年代は年平均10・5％の実質成長率があり、70年代も5・2％、80年代は4・3％あった。90年代は1・5％に下がり、2000年代は0・5％まで減速している。米国は今でも3％程度の平均成長が続いており、日本経済の伸び率は90年代に逆転された。

日本の経済停滞の要因は人口減だといわれる。確かに人口は2008年の1億2808万人をピークに1億2494万人（22年10月時点）まで減少した。人口減はここからさらに加速して、2048年には1億人を割り込むと予測される。

GDPに影響する労働力人口は少し動きが異なる。1997年に6560万人といったんピークをつけて、2012年には6270万人まで減少するが、その後は持ち直して22年は6720万人まで伸びている。高齢者の雇用延長や、女性の労働参加の影響が大きい。労働力人口の拡大は、アベノミクスの最大の成果だろう。

ところが、経済成長の三大要素の1つである労働投入量は思うように増えていない。13年から

18年の5年間で労働力人口は3・9％増えたが、労働投入量全体は1・6％しか伸びていない。この間に1人あたりの労働時間が3・1％も減少したからだ。アベノミクスで雇用は増えたが非正規の割合が多く、日本全体でワークシェアリングしている状態と言えばいいのだろうか。

日本は高度成長期に「エコノミック・アニマル」と皮肉られたが、21年の1人あたり労働時間は1607時間と経済協力開発機構（OECD）平均（1716時間）を大きく下回る。先行きの労働投入量は高齢化で減少すると予測され、内閣府の試算では25年から40年にかけて年平均0・6〜1・1％も減っていくという。

成長のもう一つの三大要素である設備投資も増えていない。製造業の設備投資額はバブルピークの1991年度に22兆5000億円まで高まり、その後は減少。2021年度は15兆円となおピークの6割の水準にとどまる。ボトムだった02年度（9兆円）から持ち直しているものの、いまなお投資規模はプラザ合意があった1985年並みの水準だ。企業のIT分野でみても、日本は2000年以降の20年間の実質投資額が3割増にとどまるのに対し、米国は4倍となり、フランスも2倍となった。

投資不足によって、国内の製造能力を示す「生産能力指数」もじわじわ低下している。同指数はバブル崩壊後も伸び続け、ピークは1997年11月（112・3）だった。その後は低下の一途をたどり、2023年2月時点で95・5と、1990年代のピークから15％も減ってしまった。黒田体制での大規模緩和で円安が進んでも生産能力の増強は進まず、それが輸出の伸びない

図2　円安が輸出や生産を後押ししなくなってきた

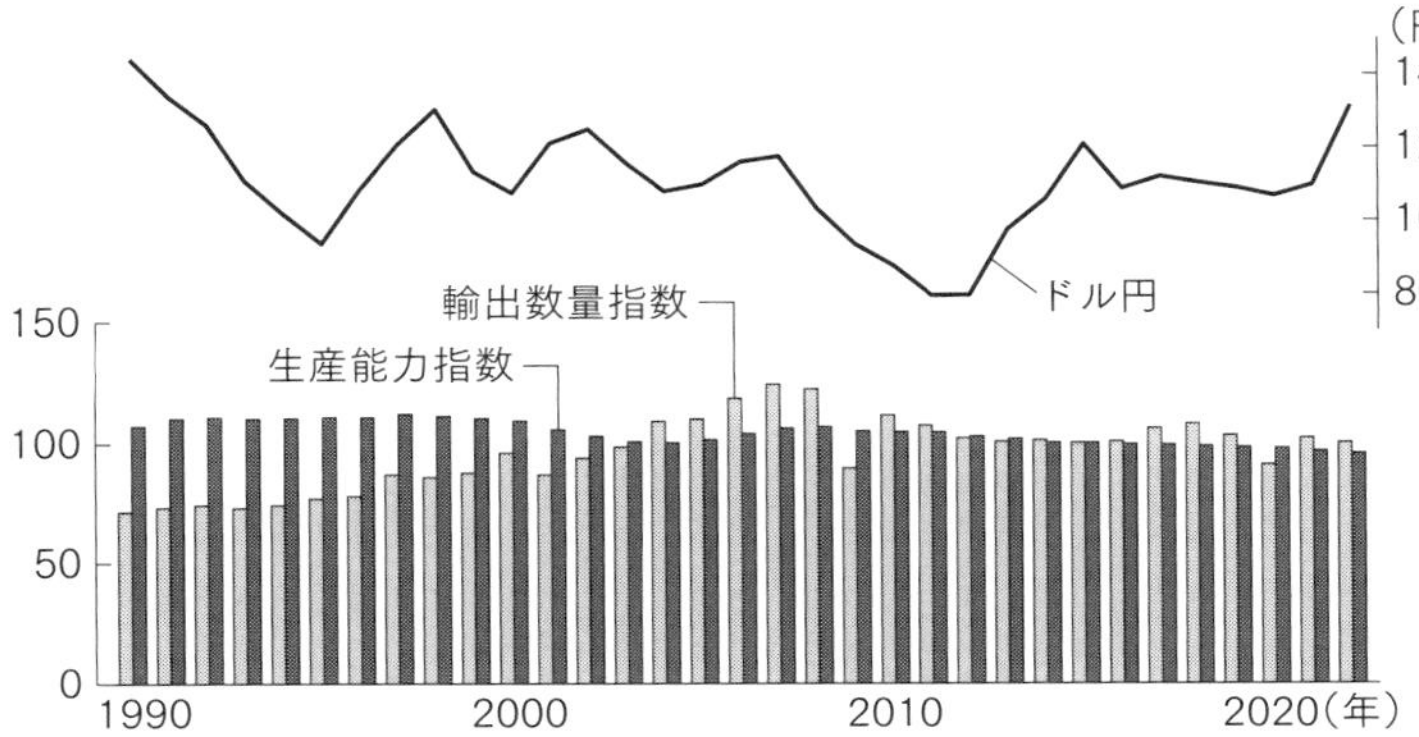

注：指数は2015＝100
出所：政府統計

原因となった。企業は海外の消費地で直接生産するようになっており、通貨安も国内生産の追い風にならない。

最後の三大要素である生産性の「質」も高まってこない。ノウハウや技術の進歩を示す全要素生産性（ＴＦＰ）は、１９９０年代以降の低迷が目立つ。85～89年の実質経済成長率は年平均４・６％あったが、そのうちＴＦＰの上昇分が１・６％を占めていた。90～94年は成長率が同２・０％に下がり、中でもＴＦＰの伸び率がマイナス０・１％になった影響が大きい。95～99年もＴＦＰの伸びはマイナスで、05～09年もマイナス圏だった。ＴＦＰの伸びを世界で比較すると、日本の上昇率は90年まで米欧を上回ることが多かった。それが、バブル崩壊後は大半の時期で米欧を下回り続けている。

この生産性低迷の理由にはいくつかの仮説があ

る。官民の研究開発投資の低迷や、新規参入企業の少なさなどだ。一例は人への投資の低迷だろう。厚生労働省の資料によると、日本企業の能力開発費（10～14年）はGDP比でわずか0・1%。米国は2・08%、フランスも1・78%あり、日本は極めて少ない。同比率は職場内訓練（OJT）の費用を含まないが、OJTの実施率をみても日本は男性、女性とも経済協力開発機構（OECD）の平均を下回る。

そのため、雇用が増えても1人当たりGDPが伸びてこない。1980年から90年までの10年間で、1人当たりGDPは年平均4%の伸びがあった。それが90年から2000年までは1%に低下。00年から10年は0・5%、10年から20年も0・5%と、ほぼ横ばい圏となってしまった。

1人当たりGDPの伸びの低さは、世界的にみても異例だ。新型コロナ危機前の18年で比較すると、米国は2・4%、英国も1・1%あったが、日本は0・7%にとどまる。1人当たりGDPの水準でみると、日本はイタリアにも抜かれてG7で最下位に転落した。近隣国では韓国にも抜かれている。日本が豊かさを実感できなくなったのは、1人当たりGDPの伸びがなくなってしまったからだ。みずほ銀行の分析では、このままなら2050年に潜在成長率はマイナス0・8%に下がり、GDPも550兆円から470兆円に減少する可能性があるという。

2　日本だけなぜデフレに陥ったのか

程度の差はあるが、成長鈍化は先進国の共通課題ではある。にもかかわらず、なぜ日本だけが長期デフレに落ち込んでしまったのか。

日本の消費者物価指数（生鮮食品除く総合、ＣＰＩ）は１９９８年に０・３％に急低下し、99年にはマイナス０・１％に転落する。２０００年はマイナス０・３％となり、01年にはマイナス０・９％、02年は同０・８％と物価が持続的に下がっていくデフレが本格化する。物価の基調的な下落は12年まで続き、戦後、主要国でこれほど長いデフレに陥った国はない。

マクロ経済全体でみれば、デフレは需要と供給のバランスが崩れることによって起きるとされる。モノをつくる能力があるのに、買い手がいなければ値段を下げて売らざるをえない。この「需給ギャップ」が物価を決める基本要素となるが、日本の長期デフレの構造はそれ以上にかなり複雑だ。

デフレを引き起こした最大の原因は先述した１９９０年代前半のバブル崩壊とされる。バブル経済によってモノやサービスを提供する「供給能力」が膨れ上がり、そのバブルが崩壊すると需要が失われて需給ギャップが大きくマイナスになる。GDP統計などから算出する需給ギャップをみると、91年1~3月期にはプラス4・9%だったが、93年にはマイナスに転落し、94年にはマイナス1・7%まで落ち込んでいく。

ただ、物価面でみると、バブル崩壊の91年からデフレが始まる98年まで、7年ものタイムラグがある。なぜか。

その間、91年から日銀は利下げに転じて金融緩和を断行し、先述したように金融機関も貸し出しを増やし続けたからだ。緩和的な金融環境がデフレ転落をギリギリ防ぎ、需給ギャップも一時的にプラス圏に戻っていく。ところが歴史的にみれば、これが失敗の一つとなる。先述したように金融緩和で後押ししたものが、不振企業への追い貸しにすぎなかったからだ。

97年から98年にかけて山一証券や北海道拓殖銀行、日本長期信用銀行といった大手金融機関が経営破綻すると、銀行システムに追い貸しの余力はなくなった。資金が得られなくなった企業部門は、いよいよ投資を絞って借金返済を優先するようになる。

企業(非金融部門)全体の資金フローを示す貯蓄投資バランスは、97年度時点で1・4兆円の投資超過だった。それが98年度には一転して2兆円の貯蓄超過となる。これは、借金額と返済額を比較した場合、97年度はまだ借金額のほうが返済額を1・4兆円上回っていたが、98年度は借金返済が2兆円多くなったということだ。98年度以降、企業部門は貯蓄超過の状態が続く。どれだけ金融緩和を強めても、資金需要がなければ意味がない。日銀は99年にゼロ金利政策に踏み切

図3　日本は平均年収が30年間伸びていない

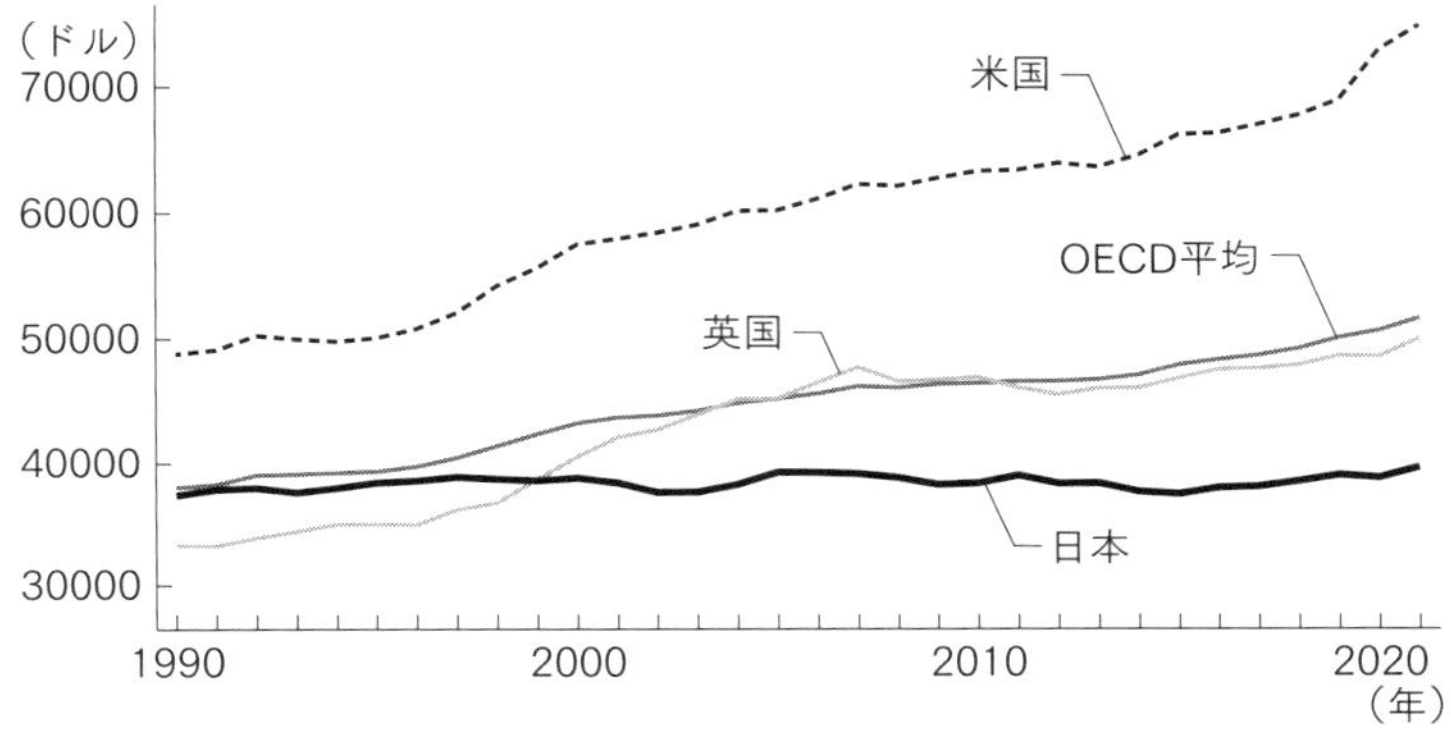

注：米ドル換算、購買力平価ベース
出所：OECD

り、四半世紀にわたってあらゆる金融政策を繰り出したが、緩和マネーは空回りし続けた。

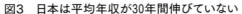

企業の慎重姿勢が決定的なデフレを生み出すのは、98年から賃金が下がり始めたことが大きい。現金給与のほか社会保険料なども含めた「雇用者報酬」をみると、戦後一貫して増え続けてきたのに98年度には1人当たり平均で1・3％も減少してしまう。電機や運輸、金融といった安定企業が相次いで一般社員の賃金カットに踏み切り、99年度も1人当たり雇用者報酬は1・0％減、2002年度には同2・5％減まで給与水準は下がっていく。

失業を出さない代わりに賃下げを受け入れる日本型の対処策は、今でも世界的に極めて異例だ。米国ではリーマン・ショック後に失業率は10％まで上昇したが、平均時給がマイナスになることはなかった。日本の失業率は最悪期でも2004年の5・4％までしか上昇していないが、雇用を守る代償として賃下げを受け入れた。

賃下げがなぜデフレの要因になるのか。労働者が賃金カットを許すようになると、人件費の比率が高いサービス業も値下げが可能になる。そのため、日本のサービス価格指数は1997年の111・9をピークにじわじわ下がり、インフレ環境にあった2022年ですら106・9までしか戻っていない。これが日本の物価全体の決定的な下落要素となった。耐久消費財などモノの物価指数は、米国でも頻繁にマイナス圏になる。しかし同国は簡単に賃下げができないため、サービス価格がマイナスになることはほとんどない。米国のサービス価格指数を同期間で比べると、ちょうど2倍になっている。その伸び率は年平均2~3%と高い。

そもそも、デフレはなぜ問題なのかも簡単に説明しておきたい。それは経済停滞をもたらす「原因」になるからだ。

まずは企業部門。デフレになると、製品やサービスの価格を引き上げられないため、売上や収益は伸びなくなる。先述したように企業は人件費を抑えるようになり、家計は賃金が上がらなくなって今度は消費を抑えることになる。家計が消費を抑えると、企業はなんとか値下げしてモノやサービスを買ってもらおうとする。これが物価下落と賃金下落が連鎖する長期デフレの要因となる。

デフレは企業投資も鈍化させてしまう。デフレで借金そのものが重くなるからだ。そのメカニズムは「実質金利」にある。金利はゼロ%でも、物価上昇率によってその重みは変わる。

例えば金利が2％でインフレ率が2％なら実質金利は差し引きゼロだ。それが金利2％のままインフレ率がゼロ％に下がれば実質金利はプラス2％と重くなる。金利がゼロでインフレ率が2％なら実質金利はマイナス2％と軽くなるが、インフレ率がマイナス1％に転落すれば、実質金利はプラス1％となって引き締め的になってしまう。日本経済で起きたことはこういうことだった。

デフレは実質金利の上昇につながるため、企業は借金を減らし、むしろ返済を急ぐことが最善の選択となる。当然、企業の設備投資意欲は失われていく。家計にとっても先行きさらに値段が下がると判断すれば、価格が下がってから商品やサービスを購入すればよいので、消費をできるだけ先送りしようとする。個人消費が伸びないから企業はさらに投資を抑え、それが日本経済の成長力を損なう悪循環となる。

物価停滞がここまで長引いたもう一つの大きな理由は「デフレ均衡」に陥ったからだ。

バブル崩壊と金融収縮でインフレ率は99年にマイナスに転落したが、このときに企業がとった借金返済と投資抑制という行動は理にかなっていた。賃金下落に見舞われた家計が消費を抑えて預金を増やした行動も理にかなっていた。ところがこの合理的な行動によって、経済全体が収縮していく「合成の誤謬」が起きてしまう。景気と物価はさらに上昇圧力を失い、そのまま企業と家計は投資と消費を抑え続ける「デフレ均衡」に陥ってしまった。

日本経済が成長しなければ企業は賃金を上げられない。賃金が上がらなければ家計は消費を増やせない。消費が増えなければ企業は売り上げが増えない。売り上げが増えなければ企業は投資しない。こうした成長鈍化の負の連鎖から抜け出せず、根雪のような物価停滞につながった。日銀はこれを「ゼロインフレのノルム（社会通念）」と表現する。

日銀が主張するように、確かに日本のデフレは１９３０年代前後の世界大恐慌時に比べれば極めて緩やかではある。１９９８年度から２０１２年度の15年間でみると、消費者物価の下落率は平均して年マイナス０・３％程度だ。その程度のマイルドな物価下落であっても「デフレ均衡」から抜け出すのは簡単ではなかった。

資産デフレという観点でみれば、その崩壊は日本経済に多大な悪影響をもたらした。

バブル景気最終盤の１９９０年、東京23区の商業地の公示地価は1坪あたり２７０５万円と、83年の7倍を超えた。それが２００５年には同４４９万円と、１９９０年の6分の1に値下がりする。日経平均株価も最高値の３万８９１５円（１９８９年12月）から７６０７円（２００３年4月）まで下落する。

民間銀行は株価下落で含み益という資本の余力を失い、不動産バブルの崩壊で融資先の担保も大きく毀損した。資産デフレが日本経済の金融システムを破壊し、企業の成長投資をストップさせたのは確かで、長期停滞の一端はここにあると言っていい。日銀は88年から2年で公定歩合を2・5％から6・0％まで引き上げた。大蔵省も土地売買を厳しく制限する「総量規制」を89年に発動。金融政策と金融規制の両面で市場を引き締めすぎてしまい、それがバブルを激しく崩壊させてその後の低迷を招いたという批判は、一見すると正当化されるようにみえる。

しかし、資産デフレは、異常な水準に達した80年代のバブル経済の後始末にすぎない。結局は、経済の実力を大きく超えた資産インフレがその後の経済停滞の起点といえる。バブル経済を放置した80年代の経済政策がそもそもの誤りだったとみるのが適当だろう。

3 長期の金融緩和は効いたのか

日銀の金融緩和は、歴史的に①1991年のバブル崩壊以降の金融緩和、②99年のゼロ金利以降の金融緩和、③黒田体制による「異次元緩和」──の3つに大きく分けられる。

91年以降の緩和は一定程度、効果があった。政策金利は6・0%からゼロ%近辺まで下がり、低金利政策が銀行の不良債権処理の一助となったのは間違いない。実際に、銀行融資は91年の502兆円から96年の536兆円まで、バブル崩壊下にもかかわらず増えていく。バブル崩壊後も金融システムがなんとか持ちこたえたのは、この頃の極めて緩和的な金融政策が効いていたからだろう。

しかし、公的資金の注入といった抜本的な改革は遅れてしまい、その緩和マネーが結局は民間銀行による不振企業への追い貸しに回ったことは、ここまでで詳述した。バブル崩壊から6年たった97年、民間銀行は不良債権処理の余力をついに失い、歴史的な金融危機へと突き進んでいく。

国内銀行の融資残高は96年3月の536兆円をピークに減少を始め、2005年6月には375兆円まで縮小する。この間、日銀はゼロ金利政策や量的緩和政策を発動したものの、民間銀行はそれを貸し出しに回せなくなっていた。銀行システムが壊れてしまったことが、緩和マネーを無力化してしまう。バブル崩壊直後に公的資金で金融部門を健全化しておけば、緩和マネーを生かすことができたのではないか。

99年以降のゼロ金利政策下にもかかわらず、企業は銀行からの融資を受けられなくなった。企業は借入金の返済を優先し、投資を抑えるようになる。日本経済はデフレに落ち込み、さらに金融緩和は力を失うことになる。インフレ率が2％なら、ゼロ金利は緩和的だ。しかし、インフレ率がゼロになると、ゼロ金利は必ずしも緩和的とはいえなくなる。99年から2012年までの長いデフレ期は、金融緩和がさらに無力になった時代といえるだろう。

黒田体制での10年間の金融緩和はどういう効果があり、どういう限界があったのか。

13年4月の「量的・質的金融緩和（QQE）」で市場心理は大きく変わった。黒田氏の就任前に一時1ドル＝76円台だった円相場は13年末に105円台まで下落。「六重苦」の筆頭とされた過度な円高は修正され、23年春時点でも1ドル＝130円台で推移している。

株価も上昇した。上場投資信託（ＥＴＦ）の買い入れも株高を演出し、黒田氏の総裁就任時に1万2000円台だった日経平均株価は一時、30年ぶりとなる3万円台に到達した。緩和マネーは不動産業界にも流れ込み、不動産価格指数（マンション）は10年間でほぼ2倍に上昇した。

ただ、緩和効果が実体経済を押し上げるようにはなっていない。先述したが、国内の生産能力は円安にもかかわらず低下が続いた。それは黒田緩和の誤算だった。

賃上げも途上だ。毎月勤労統計調査によると、22年平均の名目賃金は12年平均と比べ、3・5％の伸びにとどまった。消費者物価指数は22年に前年比で2・5％も上昇しており、物価の変動を差し引いた実質賃金はマイナスに沈む。

議論があるのは、長期金融緩和の副作用だ。黒田氏は「金融緩和をした場合としなかった場合を比較すれば、あきらかに緩和をした場合の方が良好な経済環境をつくることができた」と主張する。

ただ、政府の財政規律の緩みや企業の新陳代謝の衰えが日本経済に悪影響をもたらすとすれば、それはもう少し先のこととなる。金融緩和の効果と副作用は短期的には判断できず、歴史の評価に委ねられることになる。

政府の国債発行残高は黒田氏の就任当初の650兆円から1029兆円に膨れ上がった。日銀がＹＣＣを開始した16年、ヘリコプターマネーを提唱したベン・バーナンキＦＲＢ元議長は「黒田総裁は公式見解として、ヘリコプターマネーと呼ばれるような財政ファイナンスには、明確に反対している。何をもってしてヘリコプターマネーと定義するかは議論があるところだが、政府の借入金利をゼロにするような金融政策は、財政ファイナンスとしての要素が幾分かある」と喝破している。

日本経済は民間部門の貯蓄超過が続いており、政府部門の借り入れと投資によってようやく回っている状態だ。日銀の金融緩和が政府投資を支える財政ファイナンスの構図は短期的にみれば必ずしも間違いとは言えないだろう。ショック療法のような金融引き締めと財政引き締めは、日本経済が抱える問題の解決策とはならない。

ただ、政府財政が金融緩和なしでは持続不可能になっているのなら、それは問題となる。インフレが強まっても日銀は金融緩和を縮小できなくなるからだ。一方でこのまま金融緩和の縮小を断行すれば、利払い負担が増えて一段の財政悪化をもたらすリスクもある。

日銀関係者は「ＹＣＣは財政ファイナンスではない。政府の財政状況とは関係なく、経済動向次第で撤廃する」と明言する。ただ、そのときに、長期金利が大きく上昇するなら情勢は変わってくるだろう。日銀に対して金利抑制の政治圧力がかかれば、それはやはりここまでのＹＣＣが財政ファイナンスだったことを意味する。

長年の金融緩和によって、日銀のバランスシートも万全とは言えなくなってきた。黒田体制の10年間で日銀が市場から買い上げた国債は９６３兆円に達する。購入した国債は一部償還されたものの、保有する長期国債は23年3月20日時点で575兆円となり、異次元緩和前と比べ約6倍、全体に占める日銀の保有率は54％に達する。発行済み国債の過半を日銀が持つ異例の事態だ。日銀は保有債券を簿価評価しているため問題はないが、22年末時点で保有国債からは9兆円の含み損が発生している。

日銀が債務超過になるルートもある。大規模緩和が出口にたどり着けば、政策金利を引き上げていくことになる。その場合は、民間銀行が日銀に預ける当座預金の金利も引き上げることになるため、日銀による民間銀行への利払い費が、日銀が保有国債から得る利回りを上回る可能性がある。東短リサーチの加藤出氏によると、現在の資産状況などを前提に当座預金に付ける金利を0・5％に引き上げると、逆ざやが発生する恐れがある。日銀は21年度に1兆2583億円の国庫納付金を納めている。これは通貨発行による国民の利益だが、赤字になれば納付金はゼロになり、歳出カットか増税によって減額分を補う必要がある。そうなれば、日銀政策への国民の信認にも傷がつく懸念がある。

4
日本経済は成長軌道を取り戻せるか

「頭取、お金を借りておいてあげたからね」

ある3メガ銀行の首脳は、取引先企業にそう言われて思わず苦笑したという。

1998年度以降、企業部門の資金フローは長く貯蓄超過の状態にある。戦後の経済成長期、企業は一貫して投資超過・貯蓄不足にあった。98年度以降、25年にわたって企業は投資を控えてしまい、資金需要が出てこない。今の日本では、日銀がどれだけ金利を下げても緩和マネーは空回りし続ける。

なぜ、企業部門は投資をやめて貯蓄にいそしんでいるのか。

バブル崩壊後の前半（1991～2003年）、企業が投資を控えたのは、雇用・設備・債務の「3つの過剰」を解消するためだった。それ自体は企業として当然の判断だったが、結果として、投資の減退で日本経済の地力が落ちてしまった。バブル崩壊後の後半（04年～現在）、企業が投資を控えているのは、日本市場への成長期待が失われてしまったためだ。日本企業の「5年後の期待成長率」は90年前後こそ4％程度あったが、98年には2％を切り、今では1％前後と低位にとどまる。投資が出なければ経済の実力は高まらない。この状態が続けば、日本経済の地力はどんどん落ちていくことになる。

日本経済の再生にまず必要なのは、投資を促す成長期待を取り戻すことだろう。

欠かせないのは、個人消費の立て直しだ。日本全体の名目個人消費は98年の２８４兆円から２０２２年に３０８兆円に増えたにすぎない。年平均の伸び率はわずか０・３％だ。１９９８年に３１２兆円だった家計の可処分所得は、22年時点でも３１４兆円とほぼ横ばいにとどまる。大企業の労働分配率をみても、00年度の60・９％から19年度は54・９％まで低下している。

消費を立て直すには、家計の可処分所得を高めるしかない。インフレ率の高まりで23年春闘は賃上げ率が３％台後半と30年ぶりの高さになる見通しだ。労働分配率の適正水準を見定めて、賃上げをどれだけ継続できるか。個人消費の底上げはそこにすべてかかっている。

２つ目に必要なのは、ビジネス環境そのものを成長志向に改善することだ。１年間にどれくらい新規参入の企業があったかを示す開業率をみると、日本は４％しかない。ドイツは８％、米国は９％、フランスも10％と、いずれも起業が盛んだ。一方で廃業率も日本は３％台と低く、ドイツや米国の８％台に比べて退出企業も多くはない。産業の新陳代謝がなかなか進まないことを示しており、デジタルトランスフォーメーション（ＤＸ）などの遅れにもつながっている。

長期の金融緩和がゾンビ企業を生んでいるとの指摘もあるが、ほかにも企業の新陳代謝を弱めるような施策がある。例えば09年に施行した中小企業金融円滑化法だ。借り入れの条件緩和や返済猶予を金融機関に求める制度で、リーマン・ショック後の緊急支援措置として導入した。ところが2度も制度は延長され、終了したのは13年だった。コロナ危機下の企業を救済する実質無利子・無担保の「ゼロゼロ融資」も、終了直後の23年になって10年の借り換えを保証する新制度(元本は最長5年返済猶予)が始まった。

日本経済は失業率が2%台まで下がり、完全雇用に近い状態にある。にもかかわらず救済型の経済政策をそのまま続ければ、新規ビジネスに労働者が集まってこない。結果として開業も廃業も少なくなって、企業の新陳代謝が遅れることになる。22年の有効求人倍率は1・3倍と高く、人手を求める成長企業はたくさんある。日本全体の成長力を高めるには、将来性のある新規ビジネスに労働者を集める成長志向の経済環境に変えていく必要がある。雇用の横の移動は、賃金水準を引き上げる要素にもなる。

3つ目は人口減への対処だろう。アベノミクスの最大の功績は雇用者の増加を実現したことだ。ただ、労働力人口はこれ以上増えにくく、今後は緩やかに低下していく可能性が高い。日本の生産年齢人口は17年の6530万人から、25年には6082万人、40年には5245万人にまで減少する見通しだ。労働力の減少で、日本は潜在成長率がマイナスに転落する可能性すらある。

少子化対策はもちろん必要だが、すぐに労働力を増やす即効性があるわけではない。短期的に必要なのは外国人労働者の受け入れで、日本政策投資銀行(DBJ)系のシンクタンクは40年には現在の4倍の674万人が必要だと試算する。外国人労働者を日本に入りやすくして、需要と供給をともに積み増すことが求められる。

4つ目に必要なのは、持続可能な財政を取り戻すことだ。日銀の長い低金利政策は結果的に財政ファイナンスの側面を強めた。民間部門が貯蓄超過である以上、財政赤字で需要をつくっていかなければならないのは確かだ。

しかし、22年のインフレは「金利がある世界」が近づきつつあることを予期させた。低金利・低物価・低成長という「3つの低」が均衡していればなんとか安定を維持できるが、低物価が高物価に変われば、そのバランスは高金利・高物価・低成長という極めて悪いものに変わる。消費も投資もさらに落ち込んで、日本経済は持続力を失うだろう。中国の台頭でアジアの地政学リスクは高まる。安全保障のような国の骨幹も健全財政を失えば維持できない。

日本の政府債務残高はGDP比で250%を超え、主要国で最悪だ。それでも財政不安が台頭しないのは、日本が長く経常黒字を保ってきたからだ。いざとなれば政府は海外の資金を当てにせずに、日本で増税して政府債務を返済することができる。

ところが、その肝心の国際収支が危うくなってきた。23年1月の経常収支は1兆9766億円の赤字となり、比較可能な1985年以降で過去最大となった。円安による輸入金額の増大と、石油など資源価格の上昇が理由だ。経常赤字が定着するのはまだ時間があるとみられるが、かつてのような巨額な経常黒字は維持しにくくなっている。財政赤字と経常赤字の「双子の赤字」となれば、日本円はいよいよ海外への資本逃避（キャピタルフライト）の懸念が強まる。海外マネーをあてにして国が借金するようになれば、金利の上昇も避けられない。

英国は「双子の赤字」で通貨ポンドが急落し、1976年には国際通貨基金（IMF）の救済を仰いでいる。IMF管理となるのは途上国だけではない。英国はその後に北海油田の開発でなんとか窮地を脱したが、日本にそのようなウルトラCは見当たらない。日本は財政健全化とともに、エネルギーや食料の自給率を高める国際収支の構造改革が不可欠だ。

経済の成長鈍化は世界的な傾向だ。日本にとってもバラ色のような成長経済を取り戻すのは簡単ではない。企業のイノベーションにも方程式はなく、創造力が発揮できる環境を粘り強くつくっていくしかない。

この10年間で日本の潜在成長率は0・2％に低下し、1人当たりGDPはG7で最下位に転落した。金融緩和頼みで日本が豊かにならないことははっきりした。

欠けていたのは、低利マネーを成長投資に生かす国家と企業のビジョンだった。世界は温暖化ガスを実質排出ゼロにする「脱炭素革命」のまっただ中にある。精緻な文章や画像が作れる生成AI（人工知能）が出現し、足元で進むDX（デジタルトランスフォーメーション）は第3次産業革命とも表現される。

米国も欧州も巨額資金を用意して脱炭素やDXに挑むが、急激なインフレで世界の長期金利は

1年間で平均0・6%から3・1%へと上昇。投資のハードルは高まった。

日本はひとまず「工夫をこらしながら緩和的な金融環境を維持する」(植田和男日銀総裁)という。日本にも「金利がある世界」が近づくが、米欧に比べてまだ超低金利マネーを得られる時間が残っている。その最後のチャンスを使って、民間活力を高める成長戦略を実行しなければならない。「強いニッポン」へ緩和マネーの空費はもう許されない。

おわりに

中央銀行を長く取材して思うのは、そこに虚像と実像があることだ。「バズーカ」「マエストロ」「マジック」……。中央銀行のトップはときにその言動が神格化された。リーマン・ショック以降、主要中央銀行はそろって政策金利をゼロまで下げてしまい、緩和余地を失った。繰り出したのが、無制限緩和のような勇ましい言葉で経済を奮い立たせる「期待に働きかける政策」だった。金融政策分析の第一人者である加藤出・東短リサーチ社長は、言葉で市場を動かそうとする中央銀行トップの姿を「マネタリー・シャーマン」と皮肉った。シャーマンは呪術師などと訳される。

「問題が大きく複雑になると、社会はある種の思考停止状態に陥り、単純な答えに飛びついてしまう」。21年末に会った白川方明元日銀総裁はこう言った。日本経済の長期停滞という難問を解く「魔法の杖」は、どこにもない。中央銀行にシャーマンのような虚像をつくりあげてしまったのは、何かにすがりつきたい我々自身だったのではないだろうか。

01年、日銀が量的緩和を発動する際、植田和男審議委員（現総裁）は「イリュージョンみたいなものを否定しない考えもある」と言って賛成票を投じてみせた。日銀の量的緩和は、その政策波及経路にいまだはっきりした理論がみえてこない。当時から植田氏は、その非伝統的政策が虚像に基づくものだと感じ取っていたのだ。

中央銀行が経済を救った局面は何度もあった。本書であれば、リーマン・ショック直後のドル供給がその1つだろう。金融システムがメルトダウンしかけた危機時こそ、中央銀行の最大の出番である。「最後の貸し手」としての姿こそ、中央銀行の実像だろう。

もう1つの実像は、日本銀行で働く人々が、実に真摯に中央銀行業務に従事していることだ。デフレという重い課題に対し、深く苦悩し解決策を探り続けてきた。その実像を間近にみて知っているだけに、何度も沸いて出る日銀戦犯論にはどことなく違和感を持っていた。

日銀の政策面での致命的な判断ミスは多々あった。本書でも幾度かそうした失敗を指摘しているが、それは人間の知性の限界を示している。控えめにみても、日銀ほど先駆的な取り組みをしてきた中央銀行は世界のどこにもない。中央銀行には、過大に評価されている部分と、過小評価されている部分の両面がある。

黒田東彦総裁の退任が近づいた23年早春、長く取材関係にあった有力な日銀高官から「新日銀法が施行された1998年からの25年間の金融政策を検証してみてほしい」と話を持ちかけられた。その高官も黒田氏と同じようなタイミングで日銀を退行することが決まっていた。98年は金融危機が深刻になり、長期デフレが始まった年でもある。日本経済新聞を含む多くのメディアが、10年間の異次元緩和を徹底検証していたが、その高官は「もっと長期で掘り下げなければ、今の日本経済の現状はみえてこない」と言う。私にはちょうど日経BPからも日銀論について執筆の打診があり、四半世紀の金融政策検証というテーマで微力ながらお引き受けすることにした。その後、植田和男新総裁も、25年間の長期緩和を「多角的にレビューしていく」と表明した。多くの関係者が同じような問題意識を持っていることがよくわかった。

私自身にそこまで深い知見はなく、多くの取材先の皆様から大変多くの協力を頂戴することになった。本書の性格上、取材のほぼ全てはオフレコとなったが、政策当事者にしかわかりえない貴重な舞台裏を深く知ることができた。取材を引き受けてくださった皆様からは、金融政策を巡る論点を深掘りすることで、日本経済の未来になんとか貢献したいという熱い思いもいただくことができた。その思いに私は少しでも応えることができただろうか。自問を続けながら、改めて取材にご協力いただいた皆様に最大の謝意を表したい。

本書は日本経済新聞社の金融グループと政治・外交グループでともに奮闘するデスク・記者に目を通してもらい、私の独善を排するよう心がけた。私には日本経済新聞の編集者としての本業があるため、本書の執筆はもっぱら週末の作業となった。いつも以上の遅筆となり、日経BPの細谷和彦氏には大変ご迷惑をおかけした。改めて関係各位に多大な御礼を申し上げたい。

2023年5月

河浪　武史

参考文献

伊藤隆敏・林伴子『インフレ目標と金融政策』東洋経済新報社　２００６年３月
伊藤隆敏・星岳雄『日本経済論』東洋経済新報社　２０２３年３月
岩田規久男ほか『金融政策の論点』東洋経済新報社　２０００年７月
岩田規久男『日銀日記』筑摩書房　２０１８年10月
植田和男『ゼロ金利との闘い』日本経済新聞出版　２００５年12月
翁邦雄『金利と経済』ダイヤモンド社　２０１７年２月
ティモシー・ガイトナー『ガイトナー回顧録』日本経済新聞出版　２０１５年８月
木内登英『異次元緩和の真実』日本経済新聞出版　２０１７年11月
マーヴィン・キング『錬金術の終わり』日本経済新聞出版　２０１７年５月
アラン・グリーンスパン『波乱の時代』日本経済新聞出版　２００７年11月
アラン・グリーンスパン『リスク、人間の本性、経済予測の未来』日本経済新聞出版　２０１５年９月
黒田東彦『通貨外交—財務官の１３００日』東洋経済新報社　２００３年７月
黒田東彦『通貨の興亡』中央公論新社　２００５年２月
黒田東彦『財政金融政策の成功と失敗』日本評論社　２００５年７月
河野龍太郎『成長の臨界』慶応義塾大学出版会　２０２２年７月
小宮隆太郎『現代日本経済—マクロ的展開と国際経済関係』東京大学出版会　１９８８年11月
櫻川昌哉『バブルの経済理論』日本経済新聞出版　２０２１年５月
佐藤千登勢『フランクリン・ローズヴェルト—大恐慌と大戦に挑んだ指導者』中央公論新社　２０２１年１月

白川方明『現代の金融政策』日本経済新聞出版　２００８年３月
白川方明『中央銀行』東洋経済新報社　２０１８年10月
鈴木恒男『巨大銀行の消滅』東洋経済新報社　２００９年１月
高田創『シナリオ分析　異次元緩和脱出』日本経済新聞出版　２０１７年10月
竹中平蔵『構造改革の真実』日本経済新聞出版　２００６年12月
ジョン・Ｂ・テイラー『テロマネーを封鎖せよ』日経ＢＰ　２００７年11月
中曽宏『最後の防衛線　危機と日本銀行』日本経済新聞出版　２０２２年５月
西野智彦『日銀漂流』岩波書店　２０２０年11月
西村吉正『金融行政の敗因』文芸春秋　１９９９年10月
ベン・バーナンキ『大恐慌論』日本経済新聞出版　２０１３年３月
ベン・バーナンキ『危機と決断』ＫＡＤＯＫＡＷＡ　２０１５年12月
浜田宏一『21世紀の経済政策』講談社　２０２１年６月
早川英男『金融政策の『誤解』』慶応義塾大学出版会　２０１６年７月
Ｊ・Ｒ・ヒックス『経済学の思考法』岩波書店　１９９９年９月
ミルトン・フリードマン『貨幣の悪戯』三田出版会　１９９３年７月
マーカス・Ｋ・ブルネルマイヤー『レジリエントな社会』日本経済新聞出版　２０２２年８月
カール・ポパーほか『現代思想６　批判的合理主義』ダイヤモンド社　１９７４年４月
森田長太郎『経済学はどのように世界を歪めたのか』ダイヤモンド社　２０１９年９月
門間一夫『日本経済の見えない真実』日経ＢＰ　２０２２年９月
柳澤伯夫『平成金融危機』日本経済新聞出版　２０２１年３月
山本幸三『日銀につぶされた日本経済』ファーストプレス　２０１０年６月
吉川洋『デフレーション』日本経済新聞出版　２０１３年１月

日本銀行　関連年表

年	金融政策や経済情勢	インフレ率（%）	実質経済成長率（%）	円ドル相場（円）
1991	公定歩合を3回引き下げ、6・0%から4・5%に	3.3	3.4	135
1992	公定歩合を2回引き下げ、4・5%から3・25%に	1.6	0.8	127
1993	公定歩合を2回引き下げ、3・25%から1・75%に	1.3	0.2	111
1994	日銀総裁に松下康雄氏が就任（12月）	0.7	0.9	102
1995	公定歩合を2回引き下げ、1・75%から0・5%に。無担保コール翌日物金利を政策金利に変更	−0.1	2.6	94
1996	自民党橋本政権が金融ビッグバンを制定（11月）	0.1	3.2	109
1997	消費税率引き上げ（4月）。アジア通貨危機が勃発（7月）。三洋証券、北海道拓殖銀行、山一証券が経営破綻（11月）	1.8	1.0	121
1998	日銀総裁に速水優氏が就任（3月）。新日銀法が施行（4月）。政策金利を0・25%に利下げ（9月）。日本長期信用銀行が経営破綻（10月）。日本債券信用銀行が経営破綻（12月）	0.6	−1.3	131
1999	ゼロ金利政策を開始（2月）	−0.3	−0.2	114

2000	ゼロ金利政策を解除（8月）	−0.7	2.7	108
2001	政府がデフレ宣言（3月）。量的緩和政策を発動（3月）。小泉政権が発足（4月）。量的緩和を拡大（8月、12月）	−0.7	0.4	122
2002	量的緩和を拡大（10月）	−0.9	0.0	125
2003	日銀総裁に福井俊彦氏（3月）。量的緩和を拡大（3月、4月、5月、10月）。りそな銀行に公的資金注入（5月）。「VaRショック」で債券価格急落（6月）	−0.3	1.6	116
2004	量的緩和を拡大（1月）	0	2.2	108
2005	ペイオフ解禁（4月）	−0.3	1.8	110
2006	量的緩和を解除（3月）政策金利をゼロから0・25％に引き上げ（7月）。安倍政権が発足（9月）	0.3	1.3	116
2007	政策金利を0・25％から0・5％に引き上げ（2月）。パリバ・ショック（8月）	0	1.5	118
2008	日銀総裁に白川方明氏（4月）。リーマン・ショック（9月）。政策金利を0・5％から0・3％に引き下げ（10月）。同0・3％から0・1％に引き下げ（12月）	1.4	−1.2	103
2009	FRBが本格的に量的緩和を開始（3月）。民主党の鳩山政権が発足（9月）。政府がデフレ宣言（11月）	−1.4	−5.7	94

年	金融政策や経済情勢	インフレ率（%）	実質経済成長率（%）	円ドル相場（円）
2010	6年半ぶりに円売り・ドル買い介入（9月）。包括金融緩和を導入（10月）	−0.7	4.1	88
2011	東日本大震災（3月）。Ｇ７が円売りで協調介入（3月）。包括緩和を拡充（3月、6月、8月）	−0.3	0.0	80
2012	包括緩和を拡充（2月、3月、10月、12月）。第2次安倍政権が発足（12月）	0	1.4	80
2013	政府・日銀が2％のインフレ目標を明記した共同声明を発表（1月）。日銀総裁に黒田東彦氏（3月）。量的・質的金融緩和を発動（4月）	0.4	2.0	98
2014	消費税率を引き上げ（4月）。量的・質的金融緩和を拡大（10月）。安倍政権が消費税引き上げの延期を発表（11月）	2.7	0.2	106
2015	量的・質的金融緩和の補完措置を決定（12月）。ＦＲＢがゼロ金利政策を解除（12月）。	0.8	1.6	121
2016	日銀がマイナス金利政策を導入（1月）。安倍政権が消費税引き上げの再延期表明（6月）。ＥＴＦの購入拡大など追加緩和（7月）。イールドカーブ・コントロールを導入（9月）	−0.1	0.7	109
2017	米国でトランプ政権発足（1月）	0.5	1.7	112
2018	日銀総裁に黒田氏再任（4月）	1	0.6	110
2019	消費税率を引き上げ（10月）	0.5	−0.4	109

2020	新型コロナ危機が深刻に（3月）。ＦＲＢがゼロ金利・量的緩和を再開（3月）。日銀が国債購入目標を事実上無制限に（4月）。菅政権が発足（9月）	0	−4.3	107
2021	岸田政権が発足（10月）	−0.2	2.2	110
2022	24年ぶりに円買い・ドル売り介入（9月）。イールドカーブ・コントロールを縮小（12月）	2.5	1.0	131
2023	日銀総裁に植田和男氏（4月）			

〈著者紹介〉
河浪　武史（かわなみ・たけし）
日本経済新聞社　金融・市場ユニット 金融部長

1972年生まれ。95年日本経済新聞社入社、金融機関、日銀、財務省などの取材を担当。米コロンビア大客員研究員を経て、15年からワシントン支局特派員。米国ではFRBやトランプ政権の取材を担当した。21年より現職。国内外の金融政策、金融ビジネスを巡る報道を統括している。単著に『みずほ、迷走の20年』。

日本銀行　虚像と実像

2023年6月23日　1版1刷

著　者　河浪　武史

発行者　國分　正哉
発　行　株式会社日経BP
日本経済新聞出版
発　売　株式会社日経BPマーケティング
〒105-8308 東京都港区虎ノ門4-3-12

装丁　野網雄太
印刷／製本　三松堂
本文DTP　マーリンクレイン
写真提供　共同通信社
ISBN978-4-296-11785-7